KB269884

살아 있는
세계역사이야기

10대가 묻고 18명의 역사학자가 답하는

살아 있는 세계역사 이야기

저우하이옌 지음 | 조윤진 옮김
노경덕 감수

글담출판

우리가 진짜 역사를
배워야 하는 이유

　분명 독자 여러분은 서점에서 수많은 역사학 관련 서적들을 보았을 겁니다. 또한 수업 시간에도 역사를 배우죠. 하지만 드넓은 역사의 바다에서 우리가 배우는 것들은 정말 작은 부분에 지나지 않습니다. 그리고 한정된 지식으로 역사를 깊이 있게 이해하기란 보통 어려운 일이 아니죠. 역사의 명작은 어딜 가나 쉽게 눈에 띄지만 요즘의 사람들은 그 두껍고 무거운 책들을 읽어낼 열정과 시간이 없습니다. 게다가 한 가지 공통적인 문제점을 갖고 있습니다. 너무 어렵고 이해하기 힘들다는 거죠. 역사에 대한 기본 지식이 없다면 아무리 책을 읽는다 한들 이해하는 데 무리가 있습니다.

　그래서 《살아 있는 세계역사 이야기》를 쓰게 되었습니다. 이 책에는 어려운 말도 없고 쓸데없이 장황한 이야기도 없습니다. 필요한 핵심만 뽑아서 심오한 내용을 쉽게 풀었습니다. 여러분은 이 책을 읽고 나면 역사가 무엇인지, 역사에 포함되는 범위가 얼마나 넓은지, 인류가 어떻게 역사를 연구해야 하는지, 역사가 도대체 인류의 앞날에 어떤 영향을 미치는지 이해하게 될 겁니다.

사람들은 역사를 공부해봤자 그리 쓸데가 없다고 여깁니다. 초등학생이나 중학생도 역사 과목을 부담스럽게 생각합니다. 학부모들도 역사 점수는 별로 신경 쓰지 않죠. 주요 과목이 아니니까요. 하지만 역사 수업이 존재해야만 하는 까닭은 분명히 있습니다. 과거와 달리 경제가 중심이 되어 돌아가는 이 시대에 도대체 역사는 무슨 쓸모가 있을까요? 그 답은 중국 송대의 철학자 장재張載의 말에서 찾을 수 있습니다. "세상을 위해 뜻을 세우고, 백성을 위해 목숨을 다하며, 앞선 성현들을 위해 끊어진 학문을 잇고, 후대를 위해 태평성대를 열자." 너무 장황한 이야기 같지만 꼭 그렇지만은 않습니다. 앞으로 가야 할 길은 아주 멀고도 멉니다. 자신의 앞날이 어떻게 될지 아무도 모릅니다. 우리가 역사를 배우는 것은 바로 '끊어진 학문을 잇는다'는 의미입니다.

역사 공부에는 또 다른 가치가 있습니다. 다름 아닌 사람을 더욱 지혜롭게 만들어준다는 것이죠. 역사는 과거에 무슨 일이 일어났는지 후세 사람들에게 알려주는 데 그치지 않습니다. 그보다 더 중요한 것은 역사 공부를 통해 인품과 교양을 드높이고 지혜를 쌓을 수 있다는 점입니다.

인류의 발전은 건강하고 조화로운 방향으로 나아가야 합니다. 동시에 개개인도 발전해야 하죠. 훌륭한 인문학적 소양은 사람들의 교양과 생활수준을 향상시킬 뿐만 아니라 지식 구조를 최적화하고 시야를 넓혀줍니다.

역사는 과거에 발생했던 사건의 기록인 동시에 인류의 문화 및 사상의 정수에 대한 기록입니다. 비록 눈에 보이지도 않고 만질 수도 없지만, 역사는 선열들이 후대에 남긴 위대한 정신 유산이자 우리의 마음을 살찌우는 양식입니다. 또한 역사는 영혼의 잡초를 골라낼 수 있는 호미이자 황폐해진 마음속 화원을 가꿀 수 있는 한 떨기 꽃입니다.

역사책을 펼치는 그 순간, 우리는 역사라는 거울에 비친 자기 자신을 올곧게 바라볼 수 있으며 또 그 속에서 양분과 지혜를 제대로 받아들여 성장할 수 있습니다.

역사 학습의 효용

"역사는 왜 배워야 하나요?" "특히 어린 10대 청소년들에게 역사 학습은 무슨 의미가 있을까요?" 이런 질문들을 역사가인 저 같은 사람들은 자주 받습니다만, 쉽게 답하기는 어렵습니다. 사실 청소년들에게 역사는 현재 자신의 세대와는 관련이 적어 보이는 오래전 과거의 이야기이고, 아직은 낯선 어른들 세계의 이야기이며, 세계사의 경우에는 공간적으로도 멀리 있는 남의 나라 이야기이기도 합니다. 이렇게 볼 대, 역사가 청소년들의 관심을 끌기에 쉽지 않은 학문임은 어렵지 않게 짐작해볼 수 있습니다.

역사라는 학문이 청소년들의 현재 관심사와는 멀리 떨어져 있다는 점이 사실임에도 불구하고, 청소년을 대상으로 한 역사 교육은 주요 국가들에서 매우 중요한 위치를 차지하고 있습니다. 미국, 중국, 일본, 그리고 유럽의 여러 나라들은 자국사는 물론 세계사 역시 그들의 공교육 체계에서 아주 큰 비중을 두고 가르칩니다. 일례로, 이웃나라 일본의 경우 불과 얼마 전까지도 세계사가 필수 교과목이었으며, 앞으로도 세계사는 일본 역사와 통합되어 새로운 필수 '역사' 과목이 될 것이라 합니다. 이들 나라에서 역사 교육에 대한 강조는 비단 이 같은 공교육 체계 내에서만 머무르지 않습니다. 프랑스 등 많은 유럽 국가들의 경우에는 청소년이나 젊은 세대를 겨냥한 수준 높고 다양한 역사 관련 서적들이 활발히 출판되고 있으며 그중 일부는 서점에서 자주 베스트셀러가 되곤 합니다. 한국사 교과목이 이제 막 필수 과목으로 복원되었고, 세계사의 경우는 사회과 교과목 중 거의 최하위의 선택률을 보여주는 국내의 상황이 부끄럽게 느껴질 정도입니다.

그렇다면 주요 국가들에서 청소년을 위한 역사 교육과 학습이 활발한 이유는 무엇일까요? 역사가 어떤 '효용성'을 가지기에 이 같은 현상들이 그곳에서는 일어나는 것일까요? 그것은 역사라는 학문이 청소년들에게 비단 지식 및 교양을 제공해줄 뿐만 아니라 사고하는 방법, 즉 구체적으로 말해서 비판적 사유 능력을 키워준다고 알려져 있기 때문입니다. 과거라는 대상을 체계적으로 탐구하고 이해함으로써 얻어지는 통찰력과 안목은 자신의 삶 및 자신이 속해 있는 공동체에 대한 분석적인 성찰로 이어지며, 이 같은 성찰은 현재 사회 전반에 대한 생산적인 비판으로 발전될 수 있습니다. 그리고 그 비판적 사유를 통해서만이 앞으로의 창조적인 미래가 건설될 수 있습니다.

따라서 청소년들에게 멀게만 느껴지는 역사라는 학문을 그들이 쉽고 재미있게 접할 수 있도록 만드는 작업은 중요한 일이 아닐 수 없습니다. 이 책 《살아 있는 세계역사 이야기》는 바로 이런 노력 중의 하나라고 할 수 있습니다. 이 책은 그동안 세계사학에 지대한 영향을 주었던 18명의 역사가 또는 역사 관련 학자들의 연구 성과와 중심 사상을 10대 청소년들과의 대화 및 문답 형식으로 쉽게 풀어낸 매우 흥미로운 저작입니다. 저자는 이들의 역사관과 역사 해석을 딱딱한 문어가 아닌 구어체를 통해 생생하게 소개함으로써, 청소년 독자들에게 이들이 저술한 역사학 고전들에 대한 관심을 효과적으로 불러일으킵니다. 이 책에서 얻은 관심을 토대로, 향후에 청소년들이 직접 고전을 읽게 된다면 그 교육적 효과는 상상할 수 있는 이상의 것이 되리라 생각합니다. 역사학 고전을 통한 과거 학습은 현재의 사회를 더 나은 방향으로 변모시켜야 하는 우리 시대의 인재들에게 거시적인 안목과 날카로운 통찰력을 전해줄 것입니다. 이런 인재로 성장하기 위한 첫걸음이 이 책에서부터 시작될 수 있습니다.

광주과학기술원GIST 기초교육학부 교수 노경덕

이 책에서 수업하는
역사학자들

· **헤로도토스**(기원전 484?~기원전 425?) 고대 그리스의 역사학자이자 서양 문학의 창시자로, 인문주의를 대표하는 인물입니다. 30세에 세계 유람을 시작해 폭넓은 식견과 지식을 얻었고, 기원전 447년 아테네로 돌아와 페르시아의 전쟁사를 다룬 총 9권으로 이루어진 《역사》를 썼습니다. 고대 로마의 철학자 키케로는 그를 '역사의 아버지'라 칭했습니다.

· **투키디데스**(기원전 460?~기원전 400?) 고대 그리스의 역사학자로, 교훈적 역사가의 시조로 꼽히는 인물입니다. 펠로폰네소스 전쟁을 이끈 장군 중 한 사람이었으나 암피폴리스 전투에서 패했다는 이유로 아테네에서 추방되었습니다. 그 후 20년 동안 곳곳의 전쟁터를 돌아다니며 사료를 수집하여 총 8권의 《펠레폰네소스 전쟁사》를 썼습니다. 이 책은 역사서의 고전으로 평가되고 있습니다

· **크세노폰**(기원전 430?~기원전 354?) 소크라테스의 제자로 알려진 고대 그리스의 역사학자이자 작가입니다. 기원전 306년 스파르타에 몸담았다는 이유로 조국에서 영원히 추방당했습니다. 저서로 기원전 401년 페르시아 왕의 동생 키로스가 일으킨 전쟁에 참전한 경험을 바탕으로 쓴 《소아시아 원정기Anabasis》와 그밖에 《그리스사》《소크라테스의 추억》 등이 있습니다.

· **폴리비오스**(기원전 200?~기원전 118?) 헬레니즘 시대 그리스의 역사학자로, 폴리스 제도를 심도 깊게 분석했고 그리스의 전통적 정치 체제 순환론을 제시했습니다. 로마는 민주제·군주제·귀족제가 합쳐진 제도이며 이는 역사상 최초의 권력 분립이라 주장했습니다. 그리스 정치철학의 관점에서 로마의 정치철학으로 방향을 전환한 철학자이기도 합니다.

· **사마천**(기원전 145? 또는 135?~연대 미상) 중국의 역사학자이자 사상가로 '역사학의 성인聖人'이라 일컬어지는 인물입니다. 자신만의 독자적인 체계로 상고 시대의 황제부터 한漢나라 무제 원년에 이르기까지 약 3천 년의 역사를 기록한 《사기》를 썼습니다. 《사기》는 중국 최초의 기전체紀傳體 통사로, 현재 동아시아 역사 연구에 중요한 사료로 널리 인정받고 있습니다.

· **플루타르코스**(46?~120?) 로마제국 시대의 작가로, 그리스 중부 지역에서 학식과 교양을 갖춘 명문가의 아들로 태어났습니다. 그리스와 로마의 영웅 일대기를 다룬 《영웅전》으로 세상에 이름을 알렸습니다. 그의 작품은 르네상스 시대에 특히 사랑 받았는데, 프랑스의 철학자 몽테뉴는 《영웅전》을 지극히 애독했고, 대문호 셰익스피어는 플루타르코스의 영향을 받아 많은 작품들을 쓴 것으로 알려져 있습니다.

· **아우구스티누스**(354~430) 유럽 중세 시대의 기독교 신학을 대표하는 사상가로, 서유럽 최초의 역사철학서인 《신국론》을 썼습니다. 《신국론》은 410년 고트족이 로마에 침입하여 점령한 사건을 다루고 있는데, 그리스도교를 옹호하는 입장에 서 있는 책입니다. 그 외 저서로 《고백록》《삼위일체론》 등이 있습니다 로마 가톨릭교회의 성인으로 공경받고 있으며 아우구스티누스회의 창시자이기도 합니다.

· **니콜로 마키아벨리**(1469~1527) 이탈리아의 저명한 역사학자이자 정치사상가로, 1513년에 군주의 통치 방침에 대해 펴낸 《군주론》으로 유명해졌습니다. 그는 이 책에서 군주란 반드시 군사를 중시해야 하며, 정세 변화에 민첩하게 대응하면서 국민과도 좋은 관계를 유지해야 한다고 강조했습니다. 마키아벨리는 메디치가의 의뢰를 받아 쓴 《피렌체사》를 통해 피렌체의 기원부터 1429년에 이르는 정치사를 자신의 정치관에 입각하여 군주가 역사에 미치는 영향을 기술했습니다.

· **볼테르**(1694~1778) 프랑스의 계몽사상가이자 작가로, '프랑스 사상가의 왕' 혹은 '유럽의 양심'으로 일컬어지는 인물입니다. 18세기 계몽주의 운동의 선구자로서 자유와 평등을 강조했고, 인물과 사건을 종합적으로 보아야 역사를 이성적으로 볼 수 있다고 주장했습니다. 프랑스 근대 역사가의 선구자로 여겨지고 있으며, 《루이 14세의 시대》《샤를 12세의 역사》 등을 썼습니다.

· **에드워드 기번**(1737~1794) 영국의 사학자입니다. 런던에서 태어났으며, 어린 시절 병약했으나 책 읽기를 무척 좋아했습니다. 20대 중반에 유럽 여행길에 올라 폐허가 된 고대 로마의 땅에서 영감을 얻은 뒤 1772년 《로마 제국 쇠망사》를 펴냈습니다. 이후 1788년까지 총 6권의 책을 완성했습니다. 이 책은 2세기부터 1453년 콘스탄티노플의 멸망까지 1300년의 역사를 다루었는데, 로마사 중 가장 조직적이고 계몽적이라는 평가를 받고 있습니다.

· **야코프 부르크하르트**(1818~1897) 스위스 출신의 유럽 문화사 연구전문가입니다. 연대를 기준으로 하지 않고 역사를 특정한 주제로 나눠 기술하는 방식으로 쓴 《이탈리아 르네상스의 문화》로 유명합니다. 이 책은 13세기 후반부터 16세기 중반까지 약 300여 년간의 이탈리아 문화의 발전 상황과 사상, 학술, 정치, 사회생활, 윤리종교를 상세히 구분하여 기술했습니다. 그의 저서로 《콘스탄티누스 대제 시대》《그리스 문화사》 등이 있습니다.

· **게오르크 헤겔**(1770~1831) 독일의 역사학자이자 고전 철학자 및 정치학자로, 독일 관념론을 집대성했습니다. 그의 영향력은 독일을 뛰어넘어 19세기 말 미국, 영국의 대다수 철학자들에게 미쳤습니다. 18세기 합리주의적 계몽사상의 한계를 벗어나기 위해 '역사'가 지니는 의미에 눈을 돌려 자신만의 역사철학 체계를 형성했습니다. 저서로 《정신현상학》《논리학》《역사철학 강의》 등이 있습니다.

· **테오도르 몸젠**(1817~1903) 독일 출신의 역사학자이자 정치가, 작가입니다. 언어학과 법률을 전공했고, 철학 박사 학위를 받았습니다. 오랫동안 대학에서 역사를 가르치며 고대 역사 중에서도 특히 로마사를 매우 심도 있게 연구했다. 실증주의적·문헌학적 방법에 입각해서 1854년부터 1885년까지 쓴 《로마사》는 획기적이라는 평을 받았고, 1902년 노벨 문학상을 수상했습니다.

· **막스 베버**(1864~1920) 독일의 정치경제학자이자 사회학자르, 공공행정학과 현대사회학에 있어 가장 중요한 창시자 중의 한 사람으로 꼽힙니다. 베를린대학을 시작으로 빈대학, 뮌헨대학 등에서 강의를 했으며 당시 독일의 정치에도 큰 영향을 미쳤습니다. 그는 여러 학문에 조예가 깊었는데, 특히 역사 문제에 관심을 갖고 집중하여 연구했습니다. 주요 저술로 〈중세 상업 사회의 역사〉〈프로테스탄티즘의 윤리와 자본주의의 정신〉 등이 있습니다.

· **오스발트 슈펭글러**(1880~1936) 독일의 저명한 역사학자이자 문화철학자입니다. 문명은 생명이 있는 유기체와 같으며, 발생·성장·노쇠·사멸의 과정을 담는다고 주장하며 서구 문명의 몰락을 예언한 《서구의 몰락》으로 유명해졌습니다. 영국의 역사학자 토인비에게 영향을 주기도 했습니다. 대표적인 저서로 《프로이센주의와 사회주의》《인간과 기술》 등이 있습니다.

· **스타브리아노스**(1913~2004) 미국의 저명한 역사학자로 현대 국제역사가 중 윌리엄 맥닐과 쌍벽을 이루었던 인물입니다. 캘리포니아대학 교수 및 노스웨스턴대학 명예교수를 지냈습니다. 뛰어난 학술적 성과로 구겐하임 재단과 포드 재단상, 그리고 록펠러 기금상을 수상했습니다. 대표적인 저서로 《전 세계 통사》가 있습니다.

· **더글러스 노스**(1920~) 미국의 경제학자이자 역사학자로, 경제 발전에 있어 제도 변화의 중요성을 밝혀 1993년 노벨 경제학상을 수상했습니다. 각 나라 제도의 역사적 발달 과정에 따라 경제적 번영이 달라진다고 주장했습니다. 1983년부터 현재까지 세인트루이스에 있는 워싱턴대학 교수로 있습니다. 주요 저서로 《저도·제도 변화와 경제적 성취》《미국의 경제성장》《서양세계의 번영; 신경제사》《경제사에서의 제도와 변화》 등이 있습니다.

· **로빈 콜링우드**(1889~1943) 영국의 역사학자이자 철학자이며 미학이론가입니다. 실증주의적 역사 이론에 반대했으며, 보편적으로 활용할 수 있는 객관적인 역사의 진리는 존재하지 않는다고 강조했습니다. 그는 '역사적 사실'이란 역사학자의 선험적 상상의 산물이며, 역사의 기초는 역사적 사실이 아니라 역사를 분석하는 사상과 선험적 상상이라 주장하는 관념주의 역사 이론을 주장했습니다. 대표적인 저서로 《역사의 개념》이 있습니다.

차례

헤로도토스 선생님, 역사가는 어떤 사명감을 가져야 하나요?

▶▶ **헤로도토스가 대답해주는 '폴리스 제도' 이야기**

여러분은 역사가가 무엇을 남긴다고 생각하나요?

당시 일어났던 일들에 대한 기록을 남기죠. 그 시대에 살았던 사람, 발생했던 사건의 사실에 대한 기록 말이에요.

평가를 남긴다고 생각해요. 당대의 역사가라면 그 시대에 일어났던 일에 대해 정확히 평가해서 남길 수 있을 것 같아요.

전 역사가가 평가를 내리는 것은 옳지 않다고 생각해요. 역사가는 오직 진실만을 기록에 남기고, 그 평가는 후대가 해야 하는 것이 아닐까요?

▶▶ **생각해보기** ◀◀

기록과 평가를 남기는 역사가에게는
어떤 자세가 필요할까?

수업 시작을 알리는 종이 울리자 학생들은 속속 자기 자리로 돌아가 수업을 준비했지만, 이 반의 '까칠남' 세훈은 여전히 손에 들고 있던 책을 서랍 속에 넣지 않고 있었다. 그 책은 역사 만화였다. 세훈은 일방적인 역사 수업에 진절머리가 나 있었다.

'여기에 나오는 사람이 역사 수업을 한다면 흥미진진하게 들을 텐데!'

머릿속으로 이런 생각을 하는 사이 한 사람이 교실로 들어왔다. 세훈은 고개조차 들지 않고 책에 푹 빠져 있었다. 그러나 나머지 학생들은 너무 놀라 어안이 벙벙해졌다. 마치 그림에나 등장할 법한 예수 같은 차림새의 나이 든 외국인이 앞에 서 있기 때문이었다.

"도대체 어디서 온 사람이지?"

학생들이 술렁였다.

페르시아는 왜 그리스를 공격했을까?

"거기 뒤쪽에 앉은 학생! 왜 계속 고개를 숙이고 있습니까? 선생님이 들어오면 눈을 반짝이며 집중해야 한다는 걸 모르나요?"

세훈은 얼른 고개를 들어 강단에 서 있는 사람을 봤다. 그리고 순간, 온몸이 굳어버리고 말았다. 백발이 드문드문 섞인 머리칼, 무성한 구레나룻, 자그마한 눈, 그리고 기다란 매부리코.

"이런, 맙소사! 웬 할아버지야!"

세훈이 말을 내뱉자마자 주변으로 웃음소리가 퍼져나갔다. 옆자리에 앉은 원영도 세훈의 어깨를 치며 큰 소리로 웃었다. 그러자 그는 학생들을 조용히 시키며 세훈을 향해 미소를 지었다.

"내가 낯선가 보군요. 내 이름은 헤로도토스입니다. 고대 그리스의 역사학자이기도 하죠. 내가 어떻게 여기까지 왔는지는 굳이 알 필요 없습니다. 어떻게 사라질 건지도요. 하지만 한 가지는 명심해주었으면 합니다. 일단 이 학급에 속한 이상, 모든 구성원과 서로 사이좋게 지내길 바랍니다. 학생들과는 물론이고 여기 서 있는 나하고도 말입니다."

평소에도 좀처럼 지기를 싫어하는 세훈이 헤로도토스의 말 한마디에 기죽을 리 없었다. 세훈은 벌떡 자리에서 일어나 반박했다.

"어르신, 요즘은 약육강식의 시대예요. 모든 사람과 다 사이좋게 지내는 건 불가능한 세상이라는 걸 모르시나요?"

"그렇습니까? 그럼 여러분에게 이야기를 하나 들려드리죠. 그러고 나서 누가 옳고 그른지 다함께 토론해보도록 합시다."

헤로도토스는 탁자를 탁 치더니 말을 이어갔다.

"기원전 5세기 초, 리디아를 송두리째 멸망시킨 페르시아는 기회를 틈타 그리스의 도시들을 침공합니다. 경제적으로 발전하고 민주적 제도를 갖췄던 도시들이 페르시아의 첫 번째 목표가 되었죠."

그때 교실 뒤쪽에 있는 서영이 질문을 했다.

"왜 전쟁을 시작하게 되었나요?"

"이유는 간단합니다. 페르시아는 그리스가 폴리스 제도를 없애길 원했습니다. 하지만 그리스가 한사코 응하지 않자 전쟁에 나섰죠. 오늘날 전 세계에서 열리고 있는 마라톤 대회는 그리스와 페르시아의 마라톤 전투가 그 기원입니다."

"그 정돈 알고 있어요. 한 병사가 아테네의 승리를 알리기 위해 쉬지 않고 40킬로미터를 달려와 승전보를 전한 뒤에 쓰러져 죽었죠."

세훈이 시시하다는 표정으로 대꾸했지만, 헤로도토스는 개의치 않고 말을 이어갔다.

"맞습니다. 그 전투는 말 그대로 그리스의 대승리였습니다. 그리스의 전사자는 192명에 불과했지만 페르시아는 6,400명이었으니까요!"

"그렇게 군사를 많이 잃었는데도 페르시아는 계속 전쟁을 할 수 있었나요?"

이번엔 원영이 물었다.

"당연히 계속할 수 없었습니다. 그래서 10년 뒤 그리스를 향해 2차 침공을 감행합니다. 초반에는 레오니다스가 이끄는 그리스의 병사들이 테르모필레 지역에서 페르시아의 100만 군대에 맞서 필사적인 항전을 벌였습니다. 그 결과 페르시아는 이틀 동안 전혀 진격하지 못한 채 수많은 사상자만 발생했죠. 그런데 사흘째 되던 날, 한 그리스인 반역자가 후방에서 그리스를 공격할 수 있는 다른 길을 페르시아 군대에 알려줍니다. 저항할 방법이 없어진 레오니다스는 펠로폰네소스 반도의 군대를 일단 해산시키고 자신을 포함한 300명의 정예 군사로 테르모필레를 끝까지 지켰지만, 결국엔 전원 사망하고 말았습니다.”

“저도 알아요! 〈300〉이라는 영화에서 봤어요!”

영화광 민일이 흥분해서 외쳤다.

“아, 이 전쟁을 영화로 만들었나 보군요. 테르모필레를 함락시킨 뒤에 사기가 날로 높아진 페르시아 군대는 곧바로 아테네를 치러 했습니다. 하지만 그들이 도착했을 때 아테네는 이미 성벽만 남은 채 텅 비어 있었고, 이를 본 페르시아 군대는 크게 분노합니다. 그래서 아테네 전체를 모조리 불살라버리라는 명령을 내리죠.”

“아테네에 있던 사람들은 전부 어디로 간 건가요?”

민일이 헤로도토스의 말을 끊으며 질문했다.

“당시 그리스에는 다음과 같은 예언이 전해오고 있었습니다. 나무 담장만이 그리스의 운명을 구할 것이다! 그런데 아테네의 유명한 해군 지휘관 테미스토클레스는 이 고대 예언에 대해 자신만의 독특한 견해를 갖고 있었습니다. 그는 나무로 된 담장이 바로 선박을 가리키는 것이라 생각했고 그리스의 운명이 곧 바다에 달려 있다고 생각했죠. 그래서 여자와 아이들을 국내의 작은 섬으로 피난시키고 모든 선박은 살라미스 해협으로 모이라는 명령을 내렸습니다. 격렬한 논쟁 뒤 국가 지도자는 마침내 그의 건의를 받아들였죠. 하지만 그리스 군은 운이 별로 좋지 않았습니다. 바다에서 페르시아 군대와 맞닥뜨린 거죠. 계속되는 교전에서 그리스 해군은 패배를 거듭했고, 마침내 페르시아는 그리스 군대를 군함 800여 척으로 포위해 해상을 빈틈없이 봉쇄하기에 이릅니다.”

헤로도토스는 마치 영화 속 장면을 묘사하듯 긴장감 있게 설명해갔다.

"그러나 하늘이 무너져도 솟아날 구멍은 있죠. 페르시아가 승리를 확신한 순간, 궁지에 빠진 그리스 해군이 반격을 시작하며 최후의 일전을 벌입니다. 일단 전투가 시작되자 양측 전함의 특성이 고스란히 드러나게 되죠. 비록 그리스의 전함은 페르시아에 비해 화력이 부족하고 선체의 크기가 작았지만 속력이 빨랐습니다. 그리스 해군은 이 강점을 십분 발휘하여 페르시아를 향해 쉬지 않고 사선으로 공격을 퍼부었습니다. 먼저 페르시아 전함의 양쪽 노를 부러뜨린 다음, 방향을 바꿔 구리를 박아 넣은 뱃머리로 맹렬히 상대방의 선체를 공격했던 거죠. 그 결과, 훨씬 위력적인 힘을 갖고 있던 페르시아 전함들이 연달아 침몰하기 시작합니다. 그 후로 한차례 더 전투를 벌였지만 결국 열세에 놓인 페르시아는 퇴각합니다. 마침 후방 지원을 준비하던 또 다른 페르시아 해군은 이 사실을 전혀 모른 채 진격 중이었고 퇴각하던 자국의 전함과 마주치자 커다란 혼란에 빠집니다. 절호의 기회를 놓칠 새라 그리스 해군이 전면적인 공격을 퍼붓자 페르시아는 더 이상의 싸움을 포기하고 도망가기에 이릅니다. 심지어 물에 빠진 전우들을 그대로 내버려둔 채 말이죠."

헤로도토스는 숨도 쉬지 않고 이야기를 이어나갔다.

"해군의 패배는 육군의 사기에도 영향을 미쳤습니다. 얼마 지나지 않아 페르시아는 일부 소수의 군대가 남아 전투를 벌였을 뿐 대부분은 이미 그리스를 떠났습니다. 그리스와 페르시아 사이에 일어났던 모든 전쟁을 통틀어 이 해전이 가장 중요한 전투입니다. 전쟁의 판세를 바꿨기 때문이죠. 이듬해, 스파르타를 중심으로 한 그리스 군대가 페르시아를 철저히 격파하는

데 주력하자 그 후로 전쟁의 주도권은 그리스인의 손에 넘어갑니다. 결국 페르시아는 유럽 대륙에서 완전히 쫓겨났고, 그리스는 오랫동안 페르시아가 차지하고 있던 소아시아를 탈환합니다. 그 후……."

"그만하면 됐습니다. 마지막에 기원전 449년, 양측은 '칼리아스 화약'을 체결하고 전쟁이 끝났음을 선포하잖아요. 도대체 무슨 말씀이 하고 싶으신 건가요?"

세훈이 조금은 짜증스러운 목소리로 말했다.

"학생이 까칠하긴 해도 뭘 좀 아는군요. 그럼 질문을 하나 하겠습니다. 페르시아의 군사력은 그리스보다 강했습니다. 하지만 그리스는 상대의 허를 찌르는 방법으로 번번이 전쟁에서 승리했고 심지어 강력한 페르시아 군대를 완전히 박살내버렸습니다. 그 이유가 무엇인지 알고 있습니까?"

"그거야 그리스인들의 체격이 건장했고 죽음도 두려워하지 않을 만큼 대담했기 때문이죠."

"그럼 그들이 죽음도 두려워하지 않을 만큼 대담했던 이유는 무엇이었을까요?"

"그걸 제가 어떻게 알아요?"

세훈의 예의 없는 태도에 교실은 일순간 조용해졌다.

아테네 폴리스 제도의 민주주의

헤로도토스는 세훈을 흘깃 보더니, 전체 학생들을 향해 말을 이어갔다.

"이제부터 그 이유를 알려드리죠. 그리스인들이 목숨까지 걸고 싸웠던 까닭은 바로 자신들의 폴리스 제도를 지키기 위해서였습니다!"

헤로도토스는 '폴리스 제도'를 말할 때 목소리를 높였고, 굉장한 자긍심을 드러냈다.

"사실 아테네 폴리스 제도의 가장 큰 특징은 시민주권과 순번 제도입니다. 간단히 말하자면 2개의 회의와 1개의 법정, 즉 민회와 500인으로 구성된 평의회, 그리고 시민법정입니다. 민회는 국가 최고 권력기관으로 나라의 모든 중요한 문제들을 결정했으며 합법적인 시민에게는 참가할 권리와 알 권리, 발언권 및 선거권이 있었습니다. 다시 말해서 민회는 토론 회의였고, 평의회는 민회의 부속 기구였습니다. 평의회는 민회가 휴지하는 기간에 열렸는데, 회의를 주관하는 500인 역시 최고 권력의 대표로서 회의의 각종 결정들을 실행할 책임이 있었습니다. 시민법정은 일상 사법기관으로 전국에 있는 모든 공직자들의 자격에 대한 최종 심사를 맡았습니다."

헤로도토스는 잠시 멈추었다가 계속해서 말했다.

"제가 지금까지 했던 이야기를 통해 여러분은 아테네 폴리스 제도의 가장 큰 장점에 대해 알게 되었을 겁니다. 모든 사람이 발언할 수 있었으며 자유롭게 선택할 수 있었다는 사실 말입니다. 이러한 제도를 통해 국가는 가장 정확한 결정을 내릴 수 있었고 군주제처럼 군왕 한 사람의 잘못으로 국가 전체가 잘못되는 일이 없었습니다. 어떤 한 학생이 그랬던 것처럼 자신이 듣고 싶지 않다고 해서 다른 의견을 무시한 채 폭력적인 정책을 남용하거나 행동하는 것을 막을 수 있었던 거죠! 저는 여러분 모두가 민주주의와 자유를 추구하길 바랍니다. 그래야만 스스로 아름다운 미래를 만들어갈 수 있을 뿐만 아니라 세상이 한층 더 밝아질 테니까요!"

헤로도토스, 진실과 비판을 역사가의 사명으로 하다

헤로도토스의 열정적인 발언이 끝나자 자리에 앉아 있던 세훈은 고개를 숙였다. 아까 읽던 역사 만화책을 보기 위해서가 아니었다. 이번 설전은 자신의 완벽한 패배라는 사실을 알아차렸기 때문이다. 헤로도토스는 입을 꾹 다물고 있는 세훈의 모습을 눈여겨보고 있었다. 스스로 무엇을 잘못했는지 이미 명백히 깨달은 눈치지만, 아직은 이 '까칠남'을 용서할 마음이 없었다. 그래서 일부러 진도를 잠시 멈추고 세훈을 향해 말했다.

"세훈 학생, 만약 내 관점에 동의하지 않는다면 즉시 자리에서 일어나 반론해도 좋습니다. 언제든지요!"

"아니에요. 선생님 말씀이 전부 맞습니다. 제가 확실히 잘못했습니다."

세훈의 고백이 끝나자 헤로도토스의 입가에 흐뭇한 미소가 번졌다.

사실 학생들은 계속 어리둥절해 있었다. 학생이라는 자리는 그저 혼나기만 할 뿐이지 선생님에게 반박할 수 없다고 생각했다. 그런데 이런 설전이 오갈 줄이야! 헤로도토스는 미소를 지으며 다시 입을 열었다.

"내가 쓴《역사》라는 책은 '업적의 보존'과 '후세에 전하는 교훈'이라는 역사의 기능을 그 출발로 하고 있습니다. 역사가라면 역사서를 쓰고 기록할 때 마땅히 진실함과 객관성을 추구해야 하며 사실을 왜곡하거나 숨기지 말아야 합니다. 이리저리 떠도는 말을 쉽게 믿어서도 안 되며, 자기편의 말만

듣는 것은 더더욱 바람직하지 않습니다. 그래야만 역사는 권선징악이 가능하고 후세 사람들을 가르칠 수 있으니까요."

그러자 서영이 말했다.

"저도 그 부분은 알고 있어요. 인터넷에서 봤거든요. 선생님은 《역사》를 쓰실 때 수많은 역사 자료를 모았어요. 그건 모두 진지한 고증을 거쳐 취사선택한 자료였죠. 진위를 따지지 않고 마구잡이로 수집한 것은 아니었어요. 그리고 선생님은 역사서 저술의 방식에 있어서 기존의 신탁神託이나 연상聯想과 같은 전통적 서사시의 방식을 지양하고, 사료의 논리를 귀납하거나 분석하고 비판하는 데 중점을 두셨다고 했어요."

"정말 많이 알고 있군요! 기원전 5세기에 《역사》는 이성적인 비판 역사학의 시초가 되었습니다. 이는 인류가 기존에 갖고 있던 신화적 특성을 띠는 역사의 형태에서 탈피하게 되었음을 의미합니다. 또한 신적인 혹은 기적적인 것에서 비롯된 역사는 세속적인 역사가 되었음을 뜻합니다. 페르시아와의 전쟁 이후, 우리 그리스인들이 역사를 바라보는 시야는 무척이나 넓어졌을 뿐만 아니라 심지어 동양의 고대 문명에 대해서도 흥미를 갖게 되었죠. 아테네와 스파르타로 대표되는 그리스인들은 페르시아를 물리친 뒤 자신을 구할 수 있는 근본적인 힘은 신이 아니라 바로 '자기 자신'이라는 사실을 비로소 인식하게 된 겁니다."

헤로도토스는 잠시 멈추었다가 계속 말을 이어갔다.

"페르시아 전쟁이 끝난 뒤 그리스의 정치와 경제는 훨씬 더 빠르게 발전했고 이로 인해 그리스의 고전 역사학은 번영의 기틀을 견고히 다질 수 있었습니다. 또한 사람들의 이성적 사유가 점차 깨어난 시기이기도 하죠. 창조적인 의식과 분명한 개성으로 진정한 역사학을 구축하기 시작한 것도 바로 이때였습니다. 여러분은 《역사》에서 신화적 예언이나 문인들의 낭만주의적 정서를 거의 찾아볼 수 없을 겁니다. 당시 관련 인물의 역사적 자취나 목적, 그리고 그들의 성공과 실패에 관한 역사를 썼으니까요. 한마디로, 이성적 비판 역사학이 생겨난 이후로 서양의 역사학은 그 연구의 대상이나 책임적 기능, 편찬 체계나 연구 방법이 크게 발전했습니다. 또한 그 후로 역사학은 점차 하나의 독립된 분야로 자리 잡았고, 그에 상응하는 내재적 객관성과 규정성을 갖게 되었죠."

"우리가 사는 지금 이 시대의 모든 역사학자들은 선생님 덕분에 서양의 역사학이 비약적이며 창조적인 발전을 할 수 있었다고 생각해요. 그래서 영국의 역사학자 존 베리는 '인류의 역사적 사실을 최초로 기록한 사람은 그리스인이 아니지만, 최초로 비판한 사람은 그리스인이다'라고 말했어요."

서영이 말했다.

"그 부분은 나도 알고 있습니다. 내가 죽고 난 뒤 미국의 역사학자 제임스 웨스트폴 톰슨이 나의 이성적 비판 방법에 대해 이런 평론을 한 적이 있죠. '역사란 상호 관련 없는 특출한 사실들의 나열이 결코 아니다. 겉으로는 혼란스럽게 보이지만 그 이면에는 반드시 역사적 통일성과 연관성이 존재하고 있다. 중요한 사실과 사소한 사실을 구분해서 적합한 순서로 연관 짓는 것이 역사학자의 책임이다'라고요. 맞습니다. 나는 역사를 연구하거나 책을 집필하면서 늘 이러한 이성적 비판 정신과 태도를 견지했습니다. 나의 역사 기술의 가장 큰 특징은 바로 참된 지식의 추구와 탐구입니다. 이러한 목표를 달성하기 위해서는 새로운 것을 창조하려는 강한 의식과 엄청난 용기가 뒷받침되어야 하죠. '비록 헤로도토스가 조금은 경솔했다고 볼 수도 있지만, 그는 비판적인 정신에 있어서만큼은 자신의 시대를 뛰어넘었다.' 아, 이건 제가 한 말이 아니라 톰슨이 한 말입니다."

헤로도토스의 말이 끝나자 학생들은 연신 고개를 끄덕였다.

모든 국가와 민족에는 장단점이 있다

헤로도토스는 화제를 바꿔 갑자기 진지한 얼굴로 학생들에게 물었다.

"보아하니 여러분이 모두 동의하는 표정이라 매우 기쁩니다. 그런데 한 가지 묻고 싶습니다. 작품 속에서 나는 비판적 사고를 활용했습니다. 그렇다면 여러분의 비판적 사고는 어디 있습니까? 어디에서 사용되고 있나요?"

학생들이 대답을 하기도 전에 헤로도토스가 거침없이 말했다.

"분명한 건 여러분에게는 비판적 사고가 없습니다. 만약 여러분이 비판적 사고를 하고 있다면 세훈 학생이 멋대로 구는 걸 가만히 보고 있지는 않겠죠. 물론 '그런 일까지 신경 쓰고 싶지 않아요' 혹은 '세훈에게 시시콜콜 따지고 싶지 않아요'라고 말할 수도 있습니다. 하지만 바로 그러한 생각 때문에 세훈 학생이 자신의 잘못을 인식하지 못하는 겁니다! 일개 역사학자라는 신분으로 시공을 초월해 여기까지 와서 강의를 하고 있지만,《역사》라는 책이 단지 기록이 아닌 것처럼 여러분도 오늘 여기에서 역사적 지식만을 얻어가는 것이 아니길 바랍니다. 만약 우리가 역사를 통해 체험적 교훈을 받아들이지 못한다면, 전 세계에서 매 시각 일어나는 역사를 전부 기록한다 한들 결국엔 아무짝에도 쓸모없는 글자 더미일 뿐이겠죠. 어때요. 맞습니까?”

  헤로도토스의 지적에 세훈은 부끄러워 고개를 숙였다. 그 기에 눌려서가 아니라 평소 남을 가르치기 좋아하던 자신이 이번에는 철저히 다른 사람에게 가르침을 받았기 때문이다. 그동안의 사고방식을 깨워주는 진정한 가르침이었다. 세훈은 오늘의 수업이 자신에게 남다른 의미가 있다는 사실 또한 깨달았다. 하지만 부끄러운 감정 속에는 약간의 분노도 숨어 있었다. 어쩌다 하필 이 수업의 주인공이 되어버린 건지 알 수 없었다.

  ‘그냥 용서하고 잊어주면 될 텐데 왜 계속 이유를 따져 묻는 거지?’

  세훈은 자신도 모르게 마음속으로 이런 생각을 하고 있었다.

  “지금 무슨 생각을 하는지 알고 있습니다. 어째서 수업 시간 내내 자신을 들먹이는지 궁금할 거예요. 이미 충분히 자기 잘못을 깨달았는데, 저 텁석부리 외국인 노인네가 여전히 나를 트집 잡아 계속 난처하게 만든다고 말이죠. 이런 처사가 자신에게 불공평하다고 생각할 겁니다. 하지만 세훈 학생, 정말로 그렇게 생각한다면 큰 오산입니다. 왜냐면 오늘의 교훈을 잊지 않도록 학생을 일깨워주기 위해서거든요. 그리고 한편으로는 다른 학생들과 공평하게 대하기 위해서죠. 만약 세훈 학생이 거만하게 구는 걸 선생으로서 가만히 보고만 있다면 이는 학생의 행동을 묵인하는 게 되겠죠? 그렇다면 반대로 나머지 학생들에게는 불공평한 일 아닌가요?”

  헤로도토스는 세훈의 대답을 기다리지 않고 곧장 말했다.

  “여러분, 내가 오늘 이렇게 지적한 이유는 바로 나부터 모든 사람을 차별 없이 똑같이 대하기 때문입니다.”

"그럼 당시 페르시아 군대가 그리스를 침략했을 때 그리스인으로서 페르시아 사람들을 원수로 여기지 않으셨나요? 그때도 페르시아와 그리스 사이에서 모든 사람들을 똑같이 대하셨나요?"

"물론입니다!"

세훈의 호기로운 질문에 헤로도토스가 단박에 대답했다. 교실 안의 학생들은 모두 조용해졌다.

"믿지 못하겠다면《역사》를 좀 더 자세히 읽어보길 바랍니다. 오늘날 여러분이 '방대한 대작'이라 부르는 그 책의 주제는 그리스와 페르시아의 전쟁입니다. 그 책에서 나는 페르시아인의 침략 행위를 맹렬히 비판했습니다. 하지만 불만을 가졌던 부분은 페르시아인의 침략 행위에 국한될 뿐이지, 페르시아 제국의 모든 것을 부정하진 않았다는 점을 분명히 해두고 싶네요. 아테네의 민주주의와 자유를 추구하는 폴리스 제도를 극찬하긴 했지만 나는 자유인이 아닌 노예를 둔 페르시아의 문화 역시 매우 존중했습니다. 또한 상당한 지면을 할애하여 당시 알고 있던 이집트나 바빌론, 페르시아와 서쪽 시리아 등 다른 나라들의 역사도 기술했습니다. 그 일로 사람들에게 비난을 듣기도 했지만 전혀 신경 쓰지 않았죠. 어떤 국가든 혹은 민족이든 단점이 있겠지만 동시에 그 나름의 장점도 있다고 생각합니다. 말하자면 세훈 학생이 비록 제멋대로 굴기는 하지만, 대담하게 하고 싶은 말을 하고 그에 대한 책임을 감당할 줄 아는 남자인 것과 같은 이치죠! 따라서 어느 한쪽을 차별하는 태도는 바람직하지 않습니다. 이렇게 기록된 역사만이 비로소 가장 완벽한 역사가 될 수 있습니다! 세훈 학생, 제 말에 동의하나요?"

세훈이 막 대답을 하려는 순간, 수업종이 울렸다. 헤로도토스는 미소를 지으며 학생들을 향해 말했다.

"여러분, 오늘은 여기까지 하죠. 다시 만날 수 있기를 바랍니다!"

그리고 헤로도토스는 마치 신선처럼 순식간에 사라져버렸다. 다른 학생들이 모두 교실을 떠난 뒤에도 세훈은 여전히 자리에 남아 헤로도토스가 자신에게 했던 말들을 하나하나 곱씹어보았다.

굉장히 기묘한 하루였다. 그리고 많은 것이 변해버린 하루였다.

투키디데스 선생님, 스파르타가 아테네를 이긴 원인은 무엇인가요?

▶▶ 투키디데스가 대답해주는 '펠로폰네소스 전쟁' 이야기

전쟁을 치른 아테네와 스파르타는 어떤 나라일까요?

아테네와 스파르타는 모두 그리스의 맹주국이었어요. 펠로폰네소스 전쟁에서 처음엔 아테네가 승리했지만, 마지막엔 스파르타가 승리했죠.

아테네는 민주적인 폴리스 제도를 가진 나라로 유명해요. 그리스 전체의 학교나 다름없다고 들었어요.

스파르타는 노예제를 기본으로 한 귀족제가 있는 나라였어요. 군국주의의 상징이라고 생각해요.

▶▶ 생각해보기 ◀◀

모든 그리스의 학교였던 아테네가
펠로폰네소스 전쟁에서 패한 이유는 무엇일까?

"야, 어제 말이야. 그거 진짜였을까? 나는 아직도 꿈을 꾼 느낌이거든!"

세훈은 곁에 앉은 친구들을 향해 연신 물어보고 있었다. 죽은 지 2천 년도 훨씬 넘은 사람이 역사 수업을 진행한 데다 그토록 흥미진진하게 이야기하고 갔다는 사실이 도무지 믿기지 않았다.

"못 믿겠으면 허벅지라도 꼬집어봐. 아직도 꿈속인지 아닌지."

원영이 세훈의 허벅지를 가리키며 말했다.

"어제 헤로도토스 선생님의 이야기를 듣지 못했다면 그런 유명한 역사 사건들이 어떻게 시작되었는지 몰랐을 거야. 참, 너 그 영화 봤다고 했지? 〈300〉. 그 이야기 좀 자세히 해줘."

"나도 그러고 싶은데 곧 있으면 수업이야. 그게 그리 짧게 끝낼 수 있는 줄거리가 아니거든."

때마침 수업 시작을 알리는 종이 울리자 학생들은 서둘러 각자의 자리로 돌아갔다. 세훈 역시 얌전히 자리에 앉아 오늘은 또 어떤 '기이한' 일이 벌어질지 기대했다.

'역사의 아버지'가 되지 못한 이유

"여러분, 안녕하십니까. 투키디데스라고 합니다. 고대 그리스의 역사학자죠. 오늘은 내가 여러분의 역사 수업을 진행합니다. 방금 세훈 학생의 말을 들었는데, 스파르타에 관심이 있다고요? 오늘 강의가 바로 스파르타와 관련된 내용입니다. 나는 그 시대를 직접 경험한 사람이죠."

그때 세훈 옆에 있던 원영이 물었다.

"저도 알아요.《펠로폰네소스 전쟁》을 말씀하시는 거죠? 선생님은 '위대한 역사학자'라고 불리지만 일생 동안 그 작품 딱 하나만을 남기셨어요. 왜 좀 더 많은 책을 쓰지 않으셨나요?"

"이유는 간단합니다. 펠로폰네소스 전쟁을 직접 겪었기 때문입니다. 하하, 무슨 의미인지 잘 모르겠죠? 참, 어제 헤로도토스가 강의를 했다죠? 사실 그의 작품을 비판한 적이 있었습니다."

"좀 더 자세히 말씀해주시겠어요?"

조금 흥분한 목소리로 세훈이 물었다.

"헤로도토스는 그리스의 대표적인 서사 시인인 헤시오도스의 영향을 받았습니다. 그래서 그의 작품에는 시적인 특성이 나타나죠. 나는 모든 것을 '현실'의 기초 위에 두고 사실로 증명한다는 관점을 갖고 있습니다. 헤로도토스처럼 상상을 덧붙여 역사를 서술하는 방법은 점차 내가 주장했던 '현실주의'로 대체되죠. 물론 우리 두 사람이 역사학의 창시자라는 사실을 부정하진 않지만, 각자가 대표하는 전통이 서로 다릅니다. 헤로도토스의 핵심은 '탐구'였습니다. 역사의 아버지로서 분명 헤로도토스는 우리에게 많은 이야기를 남겼지만 동시에 그는 '거짓말의 아버지'이기도 합니다. 왜냐하면 헤로도토스의 작품은 사실과 환상의 결합이자 신화와 역사의 결합이기 때문입니다. 그렇지만 '헤로도토스는 객관적이고 신중한 역사학자였다'라는 말이 잘못되었다는 뜻은 결코 아닙니다. 그 어떤 역사적 인물이라 할지라도 확연히 다른 관점이 존재하기 마련이니까요."

헤로도토스를 다르게 바라보는 투키디데스의 말에 학생들은 조금 놀랐다. 투키디데스는 자신과 헤로도토스를 확실하게 선을 그으려는 듯 계속 말을 이었다.

"내 연구 방식은 헤로도토스와 본질적으로 다릅니다. 나는 현실(실제)을 중시하죠. 내 작품에는 서사적 역사 혹은 신화적 역사가 절대로 등장하지 않습니다. 작품의 내용 역시 정치나 군사의 역사를 주로 다루었지만 헤로도토스처럼 서사적이거나 흥미 있는 이야기들을 위주로 서술하지도 않았고요."

이때 갑자기 원영이 자리에서 일어나 투키디데스를 향해 말했다.

"그 부분에 대해서라면 저도 알고 있어요. 헤로도토스와 헤시오도스, 그리고 선생님의 작품은 서양사를 전부 통틀어 그 최초라 불릴 만큼 추앙받았죠. 하지만 사람들은 '역사의 아버지'라는 칭호를 결국 헤로도토스에게 주었어요. 《역사》라는 책이 후세까지 길이 이름을 남겼다는 이유에서였죠. 두 분은 같은 시대를 살았던 사람인 데다가 《펠로폰네소스 전쟁》 역시 《역사》와 비교해도 전혀 손색이 없어요. 그런데 그 칭호를 빼앗겼다는 것이 억울하지는 않으신가요?"

"그 부분에 대해서는 이렇게 생각합니다. 나의 작품은 헤로도토스의 작품과 충분히 어깨를 견줄 만합니다. 하지만 역사란 원래 선후先後의 구분이

있기 마련이며, 헤로도토스의 작품에 나타난 창작성과 독창성은 나의 그것
보다 훨씬 더 뛰어났습니다. 그래서 헤로도토스에게 마땅히 '역사의 아버
지'라는 칭호를 선사해야 한다고 봅니다."

"하지만……."

투키디데스는 원영의 말을 끊으며 화제를 돌렸다.

"그만, 여담이 너무 길어지면 안 되죠. 옆에 세훈 학생, 아까 스파르타에
관심 있다고 하지 않았습니까? 그럼 지금부터 귀를 쫑긋 세우고 잘 듣도록
하세요."

세훈이 자세를 고쳐 앉았다.

"펠로폰네소스 전쟁은 기원전 431년부터 기원전 403년까지 아테네를 필
두로 하는 델로스 동맹과 스파르타를 필두로 하는 펠로폰네소스 동맹이 그
리스에서의 패권을 차지하기 위해 벌였던 전쟁으로, 휴전과 격전을 반복하
며 28년 동안 계속되었습니다. 이 전쟁의 발자취는 오롯이 혼자서 기록했
습니다. 당시 나는 서른 살이었고 전쟁이 시작되던 그날부터 자료를 모으
며 기록을 위한 준비를 시작했죠. 이를 위해 생명이 끝나는 마지막 순간까
지 모든 것을 다 바쳤습니다."

아테네는 그리스 전체의 학교

"그 전쟁은 도대체 왜 시작되었나요? 둘 중에 누가 먼저 시작한 건가요?"
세훈이 못 견디겠다는 듯 질문을 던졌다.

“펠로폰네소스 전쟁은 페르시아 전쟁이 끝난 후 시작됩니다. 당시 페르시아를 물리친 아테네인들은 요새와 도시를 재건하기 시작합니다. 그런데 스파르타가 이를 반대합니다. 아테네는 이를 묵살하죠. 그 뒤 아테네의 세력은 점점 더 확대되어 아테네 제국을 형성하기에 이릅니다.”

“스파르타의 힘은 어느 정도였나요? 아테네만큼 강력했나요?”

다시 세훈이 물었다.

“마라톤 전투에서 아테네가 승리하고 10년이 흐른 뒤, 스파르타는 또다시 그리스를 공격하려 했습니다. 그전에 스파르타가 아테네와 연합하여 침략자를 몰아냈는데도 말이죠. 하지만 얼마 지나지 않아 그리스 내부는 각각 스파르타와 아테네를 필두로 하는 두 개의 집단으로 갈라집니다. 한쪽은 바다의 패권을, 다른 한쪽은 육지의 왕좌를 쥐고 있는 상황에서 아테네와 스파르타가 각자의 제국을 형성하게 되자 두 나라 사이에는 팽팽한 긴장감이 감돌 수밖에 없었습니다. 전쟁이 발발한 구체적인 원인은 당시 아테네와 스파르타의 한 동맹국가에서 전쟁이 일어났는데, 스파르타가 이를 묵인하지 않았기 때문입니다.”

투키디데스의 마지막 말에 세훈이 갑자기 웃음을 터트리며 말했다.

“제가 보기에 전쟁의 진짜 원인은 이거예요. 세력이 점점 커지는 아테네가 스파르타는 두려워진 거죠. 방금 선생님의 말씀처럼 외부 공격에 대비하기 위한 요새의 재건과 도시 재정비는 당연한 일이잖아요? 하지만 스파르타가 이를 두고 보지 않았다는 사실이 바로 전쟁의 이유를 설명해주죠.”

세훈의 말에 투키디데스가 웃으며 대답했다.

“같은 생각이지만 다른 사람이 이렇게 콕 집어 이야기해주니 한결 마음이 편하네요."

투키디데스는 계속 이야기를 이어갔다.

"그 뒤로 아테네와 스파르타 분쟁에 아주 중대한 실마리가 되는 사건이 터집니다. 역시 펠로폰네소스 전쟁의 원인이기도 한 이 사건은 바로 포티다이아와 연관이 있습니다. 포티다이아 사람들은 스파르타의 동맹국 중 하나인 코린토스의 이민자였는데, 아테네에 공물을 바쳤죠. 후에 아테네가 포티다이아와 코린토스의 왕래를 못하게 막자 포티다이아의 강력한 반발을 삽니다. 아테네는 병력을 파견해 국경을 봉쇄하고 포티다이아를 포위해 버립니다. 그러자 코린토스는 아테네가 자신들의 식민지를 포위한 채 공격을 퍼부으며 펠로폰네소스인들의 권리를 침범하고 있다고 스파르타에 알립니다. 심지어 스파르타의 방어가 너무 소극적이라며 이런 식으로는 동맹국들을 제대로 지켜줄 수 없다고 비난하죠. 이 말을 들은 스파르타는 더 이상 두고 볼 수만은 없다며 대대적인 회의를 소집해 아테네와 스파르타 사이의 평화 조약이 파기되었음을 공표하게 됩니다.'

"평화 조약이요?"

세훈은 궁금한 것을 참지 못하고 끼어들었다.

"그렇습니다. 과거 페르시아와의 전쟁 이전에 아테네와 스파르타는 싸움을 벌인 적이 있었습니다. 아테네는 페르시아 전쟁에 온 힘을 쏟아부어야 했기에 스파르타와는 평화 조약을 맺었죠. 그러나 아테네가 스파르타의 동맹국을 침략하자 그 조약을 깬 것입니다. 기원전 431년 전쟁이 시작됐고, 교전의 당사자는 아테네와 스파르타였지만 양측에게는 각자의 동맹국들이 있었습니다. 처음에 여론은 스파르타에 유리했습니다, 진격을 감행한

쪽이 스파르타였고 아테네는 방어하는 입장이었기 때문이죠. 이후 자신의 민족과 터전이 적들에게 짓밟히는 광경을 본 아테네의 민중들은 너도나도 출전을 요구합니다."

투키디데스, 아테네와 스파르타의 전쟁을 말하다

이번에는 원영이 불쑥 끼어들었다.

"하지만 당시 아테네의 상황은 그다지 좋지 않았어요. 전쟁이 발발한 이듬해 여름, 아테네에는 대규모 전염병이 발생했어요. 나라 안의 상황이 어지러워졌을 뿐만 아니라 수많은 사람이 죽어나갔죠. 결국 군대의 전투력에도 영향을 미쳤어요. 동시에, 스파르타는 당시 아테네의 자금을 조달하던 라브리온 은광까지 점령했어요. 아테네의 지도자였던 페리클레스가 조직한 해군이 펠로폰네소스 원정에서 크게 패하자 그에게도 비난이 쏟아졌고요."

원영의 말에 투키디데스가 고개를 한번 끄덕이고는 말했다.

"맞습니다. 하지만 그해 겨울, 포티다이아는 아테네에 투항합니다. 비록 비난을 받긴 했지만 페리클레스는 여전히 모두가 인정하는 뛰어난 장군이었죠. 게다가 전쟁이 일어나고 3년이 되던 해부터 전세가 역전해 아테네가 전쟁에서 우위를 차지합니다. 10년 뒤 전쟁은 일단락되었고 서로가 '55년 조약'에 합의하며 평화를 회복합니다. 이 조약의 내용은 대략 빼앗은 토지를 서로에게 반환하고 전쟁 포로를 석방한다는 것이었습니다. 그리고 만약 누군가 스파르타의 영토를 침범한다면 아테네는 응당 스파르타를 도와주어야 하며, 그 반대의 경우 역시 마찬가지라는 규정도 있었습니다."

"선생님, 잠깐만요. 아까 전쟁이 20년간 계속됐다고 하셨잖아요? 그런데 이렇게 10년 만에 끝난 건가요?"

세훈은 호기심 가득한 목소리로 물었다.

"끝났다고는 하지 않았는데요? 이야기를 끝까지 듣길 바랍니다. 비록 아테네와 스파르타가 무기를 내려놓긴 했지만 펠로폰네소스와 코린토스 및 다른 도시국가들은 이 조약이 펠로폰네소스 반도의 국가들에게 불리하다며 불만을 품었습니다. 얼마 지나지 않아 애초 조약에 합의했던 스파르타도 불만을 느끼게 되었죠. 사실 양쪽은 평화를 유지하는 기간에도 조약 내용을 성실히 이행하지 않았습니다. 점령했던 토지를 반환하지도 않았고 여전히 서로를 의심했죠. 평화는 6년 정도 지속되었지만 그 후로 양쪽에서는 소규모 군사적 충돌이 끊임없이 일어났습니다. 스파르타의 관료들 사이에서는 조약 폐지를 원하는 움직임이 일어났고, 이로 인해 스파르타는 아테네에 대해 적대적인 태도를 취하게 됩니다. 두 나라 사이의 관계는 다시 악화되기 시작하죠."

"그다음은요? 다시 싸움의 시작인가요?"

세훈이 계속해서 물었다.

"비슷합니다. 그 후 아테네는 스파르타와 적대적 관계였던 아르고스와 동맹을 맺고 100년간 효력을 유지하는 조약에 합의합니다. 아르고스와 스파르타 사이에는 계속해서 충돌이 발생하고 아테네는 중요한 순간마다 아르고스의 편에 서줍니다. 그러나 결국 스파르타에 패한 아르고스는 민주 정부를 포기하고 스파르타와의 조약에 동의합니다. 그런데 얼마 지나지 않아 아르고스의 민주파는 당시 스파르타의 강요에 의해 세워진 귀족 정부를 전복시키고 새롭게 아테네와 동맹을 맺습니다. 전쟁이 일어나고 16년째 되던 해, 그러니까 기원전 416년에 아테네는 다시 미로스 섬에 원정군을 보냅니다. 이 섬의 주민들은 거의 스파르타에서 이주해온 사람들로 아테네의 적이라고 볼 수 있었습니다. 전쟁이 일어나는 동안 미로스 사람들은 같은 민족인 스파르타가 자신들을 도와줄 거라 믿었지만 결국엔 아테네에 패하고 맙니다. 그리고 미로스 섬을 점령한 아테네는 대대적인 살육을 저지르죠. 섬 안의 성인 남자들을 전부 죽이고 여자와 아이들은 노예로 팔아버립니다."

두 강대국 간 전쟁의 잔혹한 결말에 학생들은 입을 다문 채 투키디데스의 다음 설명을 기다렸다.

"그 후 아테네는 또다시 시칠리아 원정에 나섭니다. 이 전쟁에 반대한 사람들도 일부 있었지만 결국엔 대다수의 찬성을 얻어 군대를 출동시킵니다. 시칠리아와의 전쟁에서는 꽤 많은 승리를 거두었지만 코린토스나 스파르타 등 상대편의 동맹군이 도착하자 아테네 군사들은 점점 힘이 빠지죠. 기원전 413년 봄, 스파르타는 동맹군과 함께 고대 그리스의 남부 지방에 있었던 아티카를 침공하고 이로 인해 아테네의 많은 노예들이 도망칩니다. 이는 아테네가 쇠락하는 중요한 원인이 되었죠. 게다가 재정 위기까지 닥칩니다. 그 후 몇몇 요새를 잃고 상황이 점점 악화되면서 해상에서마저 패하자 아테네인들은 전의를 상실합니다."

투키디데스는 계속 설명을 이어갔다.

"해상에서의 패배로 아테네 군은 육지에서 달아나려 하지만 퇴로는 이미 적들에 의해 차단된 상태였습니다. 결국 4만 명의 아테네 육군 중 6천 명이 투항하고 7천 명이 감옥에 갇힙니다. 아테네가 시칠리아에서 패했다는 소식을 차마 믿을 수 없었던 국민들은 사실이 확인되자 극도의 혼란에 빠지고 맙니다. 게다가 이 시기에 각지의 폴리스에서 아테네에 반대하는 움직임이 일어나고 아테네의 속국이던 폴리스조차 줄줄이 등을 돌립니다. 곤경에 빠진 아테네인들은 마지막 자금을 쥐어짜내 최후의 수단으로 다시 해군을 재건합니다. 하지만 스파르타와 그 동맹국들과의 대결에서 여전히 열세였죠. 기원전 411년, 전쟁이 일어난 지 21년째 되던 해 아테네의 민주 정치는 완전히 전복되고 과두 정권이 수립되어 '400인회'가 만들어집니다. 그 뒤 내란이 일어나 과두 정권도 전복되고, 군사와 무기를 갖춘 시민들의 손에 정권이 넘어갑니다. 내란이 끝난 뒤 아테네는 다시 한 번 해군을 출정시켜 펠로폰네소스와의 해상 전투에서 승리하고, 이 소식에 아테네인들은 크게 기뻐하죠."

"그다음은요?"

투키디데스의 이야기에 푹 빠진 세훈이 재촉했다.

"유감입니다만, 그다음엔 내가 죽습니다."

"아, 이런!"

세훈이 실망스런 표정을 짓자 투키디데스가 호탕하게 웃으며 말했다.

"그저 책을 다 완성하지 못했을 뿐이죠. 사실 전쟁이 끝나고 나서도 4년을 더 살았으니 그다음 일은 전부 알고 있습니다. 비록 아테네가 다시 재기하긴 했지만 스파르타 및 동맹국들과의 대규모 해전에서 결국 패배합니다. 스파르타가 그리스를 제패하고 과두제가 널리 실시되죠. 그리고 스파르타는 단기간에 그리스를 제패하기 위해 장기적으로 얻을 수 있는 모든 이익들을 전부 포기했죠. 그래서 아테네와의 전쟁에서 승리하긴 했지만 스파르타에게 남은 시간도 그리 길진 않았습니다."

스파르타가 최후의 승자가 된 까닭

투키디데스가 두 강대국의 기나긴 전쟁에 대한 설명을 마치자 이번엔 원영이 말하기 시작했다.

"객관적으로 보면, 그 20년간의 전쟁은 역사상 다시는 유례가 없을 만큼 고대 그리스에 나쁜 영향을 미쳤어요. 전쟁이 끝난 후 소규모 농업과 수공업은 전부 파산했고 폴리스들의 노동력에도 커다란 손실이 있었으니까요. 토지는 황폐해졌고 공업과 상업은 침체되었죠. 땅이나 노예를 소유한 사람들, 고리대금업자나 투기 상인들이 이 기회를 틈타 마구잡이로 토지를 확장하고 부를 축적하면서 노예를 사들이기도 했어요. 소규모 노예 제도는 점차 사라졌고 많은 자산과 대형 수공업으로 대표되는 대규모 노예 경제가 그 자리를 대신했죠. 그 결과 군사의 수는 큰 폭으로 감소했고 평민 중에 파산한 사람은 셀 수도 없을 만큼 늘어났어요. 따라서 모든 폴리스의 통치 근간이 흔들리게 되었고, 극도로 궁핍해진 농민들은 부자와 독재자를 향한 분노가 날로 커져갔죠. 그 뒤 국가 내부에서 대규모 혁명이 일어나 노예를 소유했던 많은 사람들이 죽임을 당했으며 그들의 재산은 하나도 남김없이 전부 분배됐어요. 고대 그리스의 폴리스들은 이러한 상황 속에서 빠른 속도로 쇠락해요. 제가 보기엔, 이 전쟁에 진정한 승자는 없는 것 같아요. 패배한 아테네뿐만 아니라 모든 고대 그리스의 폴리스 제도가 이 전쟁 이후 서서히 역사의 뒤안길로 사라지게 되니까요."

"방금 한 이야기가 전부 자신의 생각에서 나온 건가요?"

투키디데스가 놀란 얼굴로 원영을 보며 물었다.

"아, 실은 책에서 읽었어요."

"책에서 본 내용을 자기 관점대로 아주 잘 이야기했네요. 당시 내가 살던 시대에서 벗어나 현재 여러분의 객관적 관점으로 이 전쟁을 본다면 양쪽 모두가 정의롭지 못했다고 말할 수 있죠. 스파르타가 전쟁에서 최후의 승자가 될 수 있었던 가장 큰 이유는 아테네의 델로스 동맹보다 내부 갈등이 상대적으로 적고 단순했기 때문입니다. 비록 동맹이라 할지라도 아테네는 동맹국들을 심하게 억압하고 착취했습니다. 이것이 화근이었죠. 반대로 당시 스파르타는 '폴리스의 해방'이라는 명분을 내걸었기에 전쟁이 시작되자 많은 폴리스들이 스파르타의 편에 서게 됩니다. 그밖에도 아티카의 농토 점령으로 인한 자산의 약탈과 다량의 인력 상실 역시 아테네가 쇠락한 주요 원인 중 하나였죠. 방금 학생의 말처럼 전쟁으로 인해 농민 경제는 돌이킬 수 없을 만큼 큰 타격을 받았어요. 이는 그리스 문명의 기초를 파괴하는 것과 마찬가지였죠. 폴리스의 근간이었던 시민병 제도도 점차 사라지면서 폴리스 내부는 극도의 혼란이 닥치고 맙니다."

바로 그때 수업이 끝났음을 알리는 종이 울리자 투키디데스는 아쉬워하며 학생들을 향해 말했다.

"오늘 수업은 여기까지 해야겠네요. 모두들 잘 있어요!"

투키디데스는 어제의 헤로도토스처럼 사라졌다.

크세노폰 선생님, 역사 속 전쟁들을 어떤 시선으로 봐야 하나요?

▶▶ 크세노폰이 대답해주는 '소아시아 원정기' 이야기

전쟁의 승패를 가르는 것은 무엇이라고 생각하나요?

강한 군대가 있어야 이길 수 있어요. 일단 수적으로 많아야 하고 승리하겠다는 군사 개개인의 용기와 의지가 있어야 해요.

좋은 무기도 있어야 하죠. 상대적으로 좀 더 발전된 무기를 가진 나라가 승리를 많이 거두었거든요.

전략도 중요해요. 군사의 수가 많고 좋은 무기를 갖췄어도, 전략을 제대로 세우지 못하면 전쟁에서 쉽게 이길 수 없어요.

▶▶ 생각해보기 ◀◀

국가의 존립이 좌우되는 전쟁에서
승자와 패자는 어떤 점이 다를까?

“세훈아! 아니, 얘가 오늘 하루 종일 책상에만 붙어 있네. 우리랑 같이 나가자!”

세훈은 내려앉은 눈꺼풀을 억지로 추켜올리며 천천히 고개를 들었다. 책상 앞을 빙 둘러싼 친구들이 서 있었다. 세훈도 운동장으로 달려나가 공을 차고 싶은 마음이 굴뚝같았지만 도저히 몸이 따라주질 않았다.

“오늘은 안 되겠어. 어젯밤 늦게까지 항일무장투쟁을 다룬 역사 소설을 읽었더니 너무 피곤해.”

세훈의 말에 친구들은 자기들끼리 나가버렸고, 세훈은 다시 고개를 파묻고는 잠을 청했다. 5분 뒤, 잠결에 수업종이 울리는 소리를 들었지만 너무 피곤했던 세훈은 뜻대로 몸을 움직일 수가 없었다.

전쟁은 왜 은밀히 준비되는 걸까?

“거기 뒤에 앉은 학생, 수업 시작했는데 아직도 엎어져 자고 있습니까? 어서 일어나세요!”

날카로운 목소리에 세훈은 천천히 몸을 일으켰다. 오뚝한 콧날에 곱슬거리는 머리카락, 무성한 구레나룻의 외국 남자가 눈에 들어왔다. 세훈의 입에서 저도 모르게 속마음이 흘러나왔다.

"맙소사, 또 외국인이야! 내가 지금 꿈을 꾸는 건가? 꿈에서 다른 나라로 왔나?"

외국인은 세훈의 반응에 아랑곳하지 않고 저벅저벅 단상으로 걸어가더니 큰 소리로 외쳤다.

"3학년 4반 윤세훈, 기립!"

그러자 세훈이 자리에서 벌떡 일어나 대답했다.

"선생님, 안녕하세요!"

"좋습니다. 이제야 현실 세계로 돌아왔군요. 다른 말은 건너뛰고 소개부터 하겠습니다. 내 이름은 크세노폰입니다. 그리스의 역사학자이자 작가입니다. 군사 분야를 연구한 군사 전문가이기도 하죠."

크세노폰의 말에 세훈을 짓누르던 피곤이 한순간에 싹 사라졌다.

"군사 전문가라고요? 우아! 역사 수업에서 군사 이론을 듣기는 처음이에요! 어제 제가 홍범도 장군이 이끄는 봉오동 전투를 다룬 역사 소설을 읽었거든요. 너무 재미있어서 밤늦게까지 읽는 바람에 좀 피곤해서 수업이 시작된 줄도 몰랐어요."

세훈의 이야기를 듣고 크세노폰이 웃으며 대답했다.

"학생은 군대 마니아군요! 그럼 한 가지 질문을 하죠. 홍범도 장군이 봉오동 전투에서 승리한 이유가 무엇이라고 생각합니까?"

세훈이 단박에 대답했다.

"홍범도 장군과 그의 부하들이 죽음도 두려워하지 않고 용맹하게 싸웠기 때문이죠!"

"그게 학생이 내린 결론인가요? 그것 말고는 없나요?"

세훈은 살짝 고개를 끄덕였다.

"그렇다면 부디 오늘 수업을 잘 들어보길 바랍니다!"

크세노폰은 교단으로 걸어가며 계속해서 말했다.

"방금 세훈 학생의 말이 틀렸다는 뜻은 아닙니다. 군인이 전투에서 승리하길 원한다면 외나무다리에서 원수를 만난다 해도 결코 피하지 않겠다는 용기가 반드시 필요하죠. 하지만 무기를 들었다고 앞으로만 나아간다면 이 역시 지혜가 모자란 겁니다. 오늘 여러분에게 이 사실을 증명할 만한 이야기를 하나 들려드리겠습니다."

크세노폰은 잠시 멈추었다가 다시 강의를 이어갔다.

"이 이야기는 페르시아 제국의 다리우스 2세 왕이 죽고 난 뒤에 일어난 일입니다. 다리우스 왕에게는 두 명의 아들이 있었습니다. 형 아르타크세르크세스 2세가 왕위를 계승하자 동생 키루스는 성 밖으로 쫓겨나게 되었습니다. 형은 둘 사이를 이간질하는 말을 곧이곧대로 믿고 동생에게 반역죄를 씌워 죽이려 합니다. 키루스는 어머니의 간절한 요청 덕분에 죽음을 모면했지만 그 모욕감을 견딜 수는 없었죠. 그래서 형의 왕위를 빼앗을 계획을 세우고 은밀히 군사를 모아 군대를 확충합니다. 또 그리스 각지에서 모여든 군인들과 함께 용병을 조직해 갑옷과 여러 무기를 갖춘 1만 명의 중장보병重裝步兵과 투창을 무기로 하는 2천 명의 경장보병輕裝步兵을 갖춥니다. 그 뒤에 펠로폰네소스에서 온 함대도 키루스 대군에 합류하며 페르시아 왕을 반대하는 대열에 참가하죠."

"그래서 결국 성공하나요?"

원영이 질문했다.

"당시 키루스의 군대는 1만 4천 명의 그리스 병사와 10만 명의 페르시아 병사로 조직되었습니다. 그러나 형의 군사는 120만 명에 달했죠. 그러니 결과가 어땠을지는 상상에 맡기겠습니다. 그런데 여기서 요점은 키루스가 이끌던 600명의 군대가 6천 명의 적군을 물리쳤다는 사실입니다! 비록 키루스는 형과의 육박전에서 창에 맞아 죽지만, 이 전투만 놓고 보면 정말이지 기적과도 같은 일이었죠!"

그때 세훈이 시답잖다는 표정으로 말했다.

"여하튼 결국은 실패했다는 얘기잖아요. 그렇죠?"

크세노폰이 대답하려던 찰나 세훈의 뒤쪽에 앉아 있던 명식이 처음으로 입을 열었다.

"전 선생님의 말씀이 무슨 뜻인지 알 것 같아요. 전쟁에서 가장 중요한 것은 무기가 아니라 철저한 준비라는 사실이죠."

크세노폰이 고개를 끄덕였다.

"맞습니다. 키루스는 패배했습니다. 하지만 군대를 이끌고 형에 맞서 싸웠습니다. 이 모든 과정은 전쟁을 일으키기 전 은밀히 군사를 모으며 준비했기에 가능했습니다. 만약 처음 성에서 쫓겨나던 순간에 모욕과 분노를 참지 못하고 곧바로 전쟁에 나섰다면 적군 한 명은커녕 자신이 먼저 죽임을 당했을 테니까요."

크세노폰은 세훈이 앉아 있는 쪽으로 몸을 돌리더니 계속해서 말했다.

"세훈 학생이 역사 소설을 즐겨 읽는다고 했는데, 한번 잘 생각해보길 바랍니다. 만약 봉오동 전투에서 홍범도가 매복 작전을 짜지 않고 일본 군과 정면대결만을 고집했다면, 과연 승리할 수 있었을까요? 만약 항일독립군이 평소에 은밀히 군대를 조직하지 않았다던, 중요한 순간에 일본 군을 어떻게 상대할 수 있었을까요?"

크세노폰의 말에 세훈은 반박할 여지가 없었다. 자신이 군사 방면에 완전히 일자무식이었다는 사실을 깨달았기 때문이다. 세훈의 풀이 죽은 모습에 크세노폰은 줄곧 날카롭던 말투에서 벗어나 한결 누그러진 얼굴로 말을 건넸다.

"물론 용감무쌍함은 반드시 필요합니다. 만약 죽음이 두려워 전쟁을 피했다면 키루스는 여생을 편안히 보냈을 테죠. 물론 그랬다면 역사의 하늘에 찬란한 별 하나가 뜨지 않았겠지만요."

크세노폰이 세훈의 앞으로 다가왔다.

"세훈 학생, 부끄러워할 필요 없습니다. 나는 이제 더 이상 성장할 기회가 없지만 학생은 다릅니다. 여러분은 모두 미래의 주인공이라는 사실을 기억해두길 바랍니다."

묵묵히 듣고 있던 세훈이 고개를 들고 말했다.

"무슨 말씀이신지 잘 알겠어요, 크세노폰 선생님. 인내하는 것도 정말 중요하군요. 만약 키루스가 당장 한 치 앞만 보았다면 영웅이 되지 못했을 테니까요."

크세노폰과 세훈은 서로 눈빛을 마주하며 미소를 지었다.

페르시아에 비장하게 맞선 키루스의 용기

"오늘 수업은 대부분의 남학생들에게 대단한 흥미를 불러일으킬지도 모르겠네요. 남자는 성공을 갈망하죠. 하나같이 장군을 꿈꾸면서 말입니다. 당시 그리스 용병들은 키루스의 사망 소식에 극도의 슬픔과 혼란에 빠졌습니다. 당시 그들의 상황도 몹시 위험했죠. 페르시아 군대에 포위당해 있었고 내부적으로는 키루스의 부하들이 페르시아 국적의 군대와 끊임없이 마찰을 겪고 있었으니까요. 진짜로 전쟁터에 나가는 그 순간, 여러분은 비로소 깨달을 겁니다. 전쟁의 실상은 영웅의 활약상이나 영예로움이 아니라 바로 잔혹한 피비린내라는 것을 말입니다."

그때 원영이 질문을 던졌다.

"그렇다면 키루스의 군대에는 더 이상 희망이 없었나요? 이미 그들은 완전히 겁에 질려 있었을 텐데요."

"그래서 전쟁터에서는 정말로 죽음을 두려워하지 않는 자만이 살아남을 수 있습니다. 이건 내가 전쟁터에서 직접 겪어보고 내린 결론입니다. 당시 이야기를 계속 들어보길 바랍니다."

크세노폰은 목을 가다듬고 다시 수업을 이어갔다.

"그 후 키루스의 군대는 페르시아 국왕의 투항 권유를 줄곧 거부합니다. 그리고 이오니아를 향해 후퇴하면서 클레아르코스를 새로운 지도자로 추대합니다. 클레아르코스는 아주 유능한 지휘자였죠. 키루스 군대는 퇴각하면서도 계속해서 페르시아 국왕의 군대와 교전을 벌였습니다. 그 과정에서 그리스 군과 같은 편이었던 키루스의 이전 세력들이 적의를 품기 시작했고, 양쪽은 서로를 끊임없이 의심하게 됩니다. 양측의 오해를 없애보려 했던 클레아르코스는 페르시아인의 말을 너무 쉽게 믿고 말았습니다. 만류에도 불구하고 그리스 사령관들을 진영으로 데려가 담판을 지으려 했죠. 하지만 그 결과, 자신을 포함한 10여 명의 그리스 사령관들은 모두 체포되어 페르시아 국왕에 의해 목이 잘립니다. 그들을 따르던 200명의 그리스 병사들 역시 모두 죽임을 당하고 그리스 군은 심각한 타격을 받습니다.”

“이렇게 길게 말씀하셨는데, 도대체 선생님은 언제 나오세요?”

크세노폰이 전쟁을 직접 겪었다는 이야기에 관심이 갔던 원영이 참지 못하고 또 질문했다.

“지금입니다! 그때 내가 새로운 지도자로 등장하죠. 당시 우리는 군사의 숫자도 적었고 사기도 땅에 떨어진 상태였습니다. 게다가 어디로 가야 할지도 몰랐고 보급품마저 없었습니다. 다시 말해 전군이 전멸할 위기였죠. 하지만 나는 두려워하지 않았습니다. 오히려 큰 소리로 군사들을 향해 이렇게 외쳤습니다. ‘형제들이여, 여러분이 두려워한다는 사실을 저도 알고 있습니다! 비록 지금 우리에게는 아무것도 없고 어디로 가야 할지도 모르지만, 한번 생각해보십시오! 만약 우리가 페르시아의 손아귀에 넘어간다면 과연 지금보다 상황이 좋아지겠습니까? 지금은 위험한 상황에 처해 있지만 우리는 아직 살아 있습니다. 페르시아가 우리를 살려둘 거라 생각합니까? 저를 믿어주십시오! 제가 기꺼이 책임지겠습니다. 전쟁터에서 목숨을 부지하려는 자는 결국 불명예스러운 죽음을 맞이할 테고, 기꺼이 자신을 희생하려는 자는 끝까지 살아남을 것입니다!’라고요.”

“그다음은요?”

원영이 크세노폰에게 이야기를 재촉했다.

"모두의 지지를 얻었죠. 그 후 병사들을 소집해 회의를 열어 과거 그리스가 페르시아를 상대로 승리를 거두었던 역사를 되짚어보았습니다. 병사들은 나의 주장에 찬성했고 나를 최고사령관으로 추대했습니다. 그리고 나의 감독하에 각급 지휘관도 선출됐죠. 그 후 내가 이끄는 군대는 오래전 메디아인들이 살던 고대 도시에 도착해서 식량을 확충했고 페르시아 군대를 무찔렀습니다."

크세노폰의 말이 끝나자 원영이 감탄하며 외쳤다.

"군대에서 용기란 눈에 보이지는 않지만 반짝반짝 빛나는 보물 같은 거네요!"

크세노폰은 미소를 지으며 대답했다.

"아, 그렇게 비유할 수 있나요? 맞습니다. 이제 와 생각해보니 당시 내가 아니었다면 키루스가 애써 만들었던 군대는 이미 오래전에 무너지고 없었겠죠! 아까 수업을 시작하면서 세훈 학생의 말이 틀리지 않았다고 했던 것도 같은 이유입니다. 일단 전쟁에 발을 들여놓게 되면 여러분은 당장 기관총이나 대포를 맞닥뜨리게 됩니다. 아주 손쉽게 목숨을 앗아가는 무기들이죠. 만약 전쟁터에서 죽음을 두려워한다면, 무섭다고 바지에 오줌을 싸는 것과 뭐가 다르겠습니까?"

크세노폰, 경제에 의지하는 전쟁에 대해 말하다

"여기서 문제 하나 내겠습니다. 두 나라 혹은 여러 나라가 싸움을 할 경우, 무엇에 가장 의지해야 할까요?"

"당연히 군사의 숫자나 무기, 그리고 싸우려는 의지겠죠!"

세훈이 먼저 대답했다.

"반은 맞고 반은 틀렸습니다."

크세노폰이 말했다. 그러자 이번엔 원영이 대답했다.

"국가의 과학 기술도 필요하겠죠."

"거의 맞았다고 해두죠. 하지만 나는 이렇게 말하겠습니다. 전쟁에서는 국가의 경제에 의지해야 합니다. 무기나 전투력도 물론 맞는 말입니다. 실제 전쟁에서 분명 여실히 드러나니까요. 하지만 총과 대포는 어디서 나옵니까? 군대의 전투력은 어떻게 훈련시키죠? 모두 국가 경제가 기반이 되어야 가능합니다. 한번 생각해보십시오. 경제 발전이 더디고 세력도 약하며 심지어 가난하기까지 한 나라에서 어떻게 강인한 군대를 길러내겠습니까? 나는 이 부분에 대해 굉장히 많은 생각을 했습니다."

크세노폰은 잠시 말을 멈추었다가 이야기를 계속했다.

"페르시아를 물리친 뒤, 우리는 쿠르드 족의 조상으로 알려진 산악 지대의 카르두코이 족이 살던 곳에서부터 시작해 아르메니아를 향해 진군하기로 결정했습니다. 중장보병을 이끌고 나는 맨 뒤에서 행군하고 있었는데 카르두코이 족의 거센 공격을 받았습니다. 이 과정에서 엄청난 손실을 입었고 부대는 섬멸할 지경에 이르렀습니다. 나는 진군의 속도를 높이기 위해 대부분의 군수품과 포로들까지 전부 포기했고, 그리고 나서야 카르두코이 족의 공격에서 벗어나 아르메니아 지역으로 진입할 수 있었습니다.”

“그렇다면 잘된 일이잖아요. 기나긴 여정이 마침내 끝났으니까요. 게다가 적들의 추격에서도 벗어났고요. 전쟁터에서의 승리 못지않은 결과이지 않나요?”

세훈의 말에 크세노폰이 고개를 세차게 저으며 소리 높여 말했다.

“방금 승리라고 했습니까? 우리는 살을 에듯 차가운 겨울바람 속에서 눈길을 헤치고 나아가야만 했습니다. 당시 굶주림에 지쳐 죽고, 추위에 얼어 죽은 병사가 얼마나 많았는지 압니까? 나는 남아 있는 모든 식량을 배고파 쓰러진 병사들에게 나누어주라고 명령했습니다. 행군하면서 동상에 걸린 병사가 점점 많아지자 더 이상 진군을 원하지 않는 병사의 수도 늘어갔죠. 이토록 혹독한 순간에도 적들은 계속해서 뒤쫓아왔기에 여전히 군대를 이끌고 반격을 해야만 했습니다. 지금 생각해보면 그때 적들을 어떻게 격퇴시켰는지 모르겠습니다. 어쨌든 사람들이 살고 있는 지역으로 다시 진입한 뒤에야 군사들은 휴식을 취하며 재정비를 할 수 있었죠.”

여기까지 말을 마치고 크세노폰은 천천히 고개를 들었다. 그의 눈빛에는 무언가 아득한 슬픔이 어려 있었다.

“이것이 우리 행군의 전 과정이었습니다. 방금 세훈 학생이 승리라는 말을 했는데, 물론 맞습니다. 살아남아 그곳에 도착한 것은 분명 위대한 승리였습니다. 그곳 사람들이 손에 쥐고 있던 모든 물자가 우리의 전리품이 됐으니까요. 하지만 차가운 길에서 죽어간 병사들의 입장에서 본다면 그것은 절대로 승리가 아니었습니다. 그것은 그들에게 지옥으로 가는 죽음의 행렬이었습니다.”

크세노폰의 말이 끝나자 교실 안은 일순간 쥐죽은 듯 조용해졌다. 그의 눈에서 어느새 눈물이 흘러내렸지만 곧 크세노폰은 감정을 추스르고 평정을 되찾았다. 그는 손바닥으로 눈물을 훔치거 학생들을 향해 말했다.

“우리에게는 지원군도, 보급품도 없었을 뿐만 아니라 식량조차 지원되지 않았습니다. 아무리 의지가 굳건한 사람이라 해도 생존에 필요한 가장 기본적인 것조차 제공되지 않는다면 목숨을 부지할 방법이 없습니다. 전쟁은 용감무쌍한 군대에 의지하는 것이라고 생각하기 쉽지만 사실은 각종 지원과 더 나아가서는 국가 전체의 경제에 의지하는 겁니다. 국가의 경제가 발전하면 사람들의 생활은 물질적으로, 그리고 정신적으로 더욱 나아지죠. 그럼 자연히 과학 기술이 발전하고 그로 인해 국가는 비로소 강력한 군대를 가질 수 있습니다. 그렇게 강력한 군대를 보유해야 전쟁에서 승리를 쟁취할 수 있고요. 세훈 학생, 내 말이 맞습니까?”

“죄송합니다, 선생님. 제가 했던 말 때문에 선생님께서 가슴 아픈 지난 일들을 떠올리신 것 같아요.”

크세노폰이 괴로워하는 모습에 세훈은 어쩔 줄 몰라 하며 말했다.

“괜찮습니다. 오늘 여기 강단에 선 이상, 학생들의 질문에 마땅히 대답해야겠죠. 학생이 맞는 말을 하면 나는 그저 동의하면 됩니다. 만약 틀렸다면 올바른 답을 알려주면 되죠. 과거의 일을 언급했던 이유는 그것을 직접 경험했기 때문만은 아닙니다. 그 경험이 가장 훌륭한 증명이기 때문입니다.”

승자가 있을 수 없는 전쟁

"그 후에 선생님과 선생님의 부대는 어떻게 되었나요?"

크세노폰은 쓴웃음을 한번 지어보이고는 대답했다.

"그 뒤로도 많은 일이 있어났습니다. 일일이 말하자면 3일 밤낮으로도 모자랄 테니 간략하게 설명하죠. 우리는 다시 행군을 이어갔습니다. 굶주림은 계속됐고 내부의 분열은 끊임없이 일어나 사기가 꺾였습니다. 나는 다른 곳에서 급료와 보급품을 제공받아 만신창이가 되어버린 군대를 지켜냈습니다. 마침내 용병의 요청을 받아들이기로 결정이 됐을 때 안타깝게도 처음 10만 명이었던 군대는 겨우 6천 명만이 남아 있었습니다."

크세노폰의 입에서 나온 숫자에 학생들은 너무 놀라 할 말을 잊고 말았다. 그토록 강하고 용맹스러웠던 10만여 명의 대군이 몇 차례의 행군으로 채 10분의 일도 남지 않았다니! 학생들이 미처 정신을 차리기전에 크세노폰은 다시 엄숙한 표정으로 말했다.

"여러분, 여기까지 군사 역사 강의였습니다. 이제 몇 분밖에 남지 않았네요. 마지막으로 질문하겠습니다. 여러분은 오늘 이 수업에서 무엇을 배웠습니까?"

"전쟁에 진정한 승자란 없다."

세훈이 조용하지만 힘 있는 목소리로 대답했다.

"맞습니다. 오늘 《소아시아 원정기》의 이야기를 여러분에게 들려준 이유도 바로 그 때문입니다. 전쟁터에서 진격을 했든 아니면 작전상 후퇴를 했든 그 어느 쪽도 승자는 아닙니다. 그들은 무수한 사람의 생명과 맞바꾼 땅을 딛고 지금 서 있으니까요. 여러분에게도 언젠가 승리로 환호하는 날이 찾아온다면 부디 한번 잘 생각해보길 바랍니다. 그 승리를 얻기 위해서 승리보다 값지고 소중한 것을 잃지는 않았는지 말입니다."

학생들이 저마다 깊은 생각에 잠기는 동안, 수업이 끝났음을 알리는 종이 마침 울렸다. 크세노폰은 엷은 미소를 지으며 학생들을 향해 작별 인사를 건넸다.

"그럼 여기까지 하겠습니다. 모두들 안녕히!"

폴리비오스 선생님, 역사는 왜 끊임없이 순환하나요?

▶▶ 폴리비오스가 대답해주는 '역사의 정률' 이야기

세계는 발전하지만, 역사는 반복된다는 것에 대해 어떻게 생각하나요?

결코 같은 역사란 있을 수 없어요. 저마다 다른 상황과 변수가 있으니까요. 전 반복된 역사는 우연의 일치라고 생각해요.

한 나라의 발전과 쇠퇴는 자연스러운 거예요. 모든 나라가 그런 과정을 거치며 변화한다고 생각해요. 역사의 반복도 하나의 과정인 거죠.

글쎄요. 세계는 분명 발전하고 있어요. 문제를 발견하고 바꿔나가는 과정을 반복하며, 점차 진보의 방향으로 나아가고 있어요.

▶▶ 생각해보기 ◀◀

왜 모든 나라의 흥망성쇠는
비슷한 흐름을 보이는 걸까?

세훈은 보물처럼 여기던 역사 만화를 벌써 반 이상 읽어치웠다. 여느 때처럼 흥미진진하게 책장을 넘기고 있는데 갑자기 재준이 다가와 세훈의 어깨를 툭 치며 말했다.

"헤로도토스 선생님 수업 이후로 계속 이 책만 끌어안고 있네. 이러다 역사학자라도 되는 거 아냐?"

"그러게 말이야. 나도 전에는 별 관심이 없었는데 수업을 듣다 보니 역사가 생각처럼 그렇게 지루하지 않더라고. 이제 흥미가 좀 생겼어."

대답을 마친 세훈은 또다시 책 속으로 고개를 파묻었다.

"야, 그만 좀 봐. 같이 나가서 농구나 하자. 오늘 수업 마치고 옆 반이랑 시합이 있어. 본때를 보여줘야 한단 말이야!"

책을 뺏으려는 재준과 옥신각신하다 보니 어쩌다 책의 맨 마지막 장이 펼쳐졌다. 순간 세훈의 눈에 '고대 왕조 연대표'가 들어왔다. 흥미롭게 연대를 보던 세훈은 뭔가 좀 이상하다는 생각이 들었다.

"어째서 진秦나라는 짧고 한漢나라는 길지? 또 수隋나라는 짧고 당唐나라는 길게 이어지네? 혼란 속에서 어렵사리 통일을 이룩한 국가들이 왜 오래 지속되지 못하고 멸망했을까? 여기에 무슨 규칙이라도 있나? 어째서 이런 상황이 벌어지는 거지?"

세훈이 도통 이해가 되지 않는다는 얼굴로 이런저런 말을 하자 재준은 별수 없다는 듯 돌아섰다. 그때 수업 종소리와 함께 한 사람이 교실로 들어왔다. 세훈이 역사학자의 등장을 시작부터 본 건 처음이었다.

역사는 왜 순환하는가?

"여러분, 안녕하세요. 폴리비오스라고 합니다. 헬레니즘 시대 그리스의 역사학자죠. 오늘 역사 수업은 내가 진행합니다."

진지하고 깊은 눈빛, 오뚝한 콧날, 짙은 갈색 피부에 역시 곱슬거리는 갈색 머리. 그를 본 세훈은 속으로 감탄해 마지않았다.

'정말 잘생겼다!'

폴리비오스는 세훈이 자신에게 호감을 느끼고 있다는 것을 모른 채 뭔가 마음에 들지 않는다는 표정을 지으며 말했다.

"학생, 지금 손에 들고 있는 그 책 좀 봐도 되겠습니까?"

"물론이죠! 마침 선생님께 여쭤보고 싶은 것도 있어요."

세훈은 책을 들고 폴리비오스가 서 있는 교단으로 나아가 맨 마지막 장을 펼쳤다. 그리고 연대표를 가리키며 물었다.

"어째서 혼란 뒤에 세워진 나라의 역사는 짧고, 오히려 그다음에 들어선 나라가 길게 지속됐을까요? 혹시 여기에 무슨 규칙이라도 있나요?"

"알고 싶습니까? 그럼 어서 자리로 돌아가 오늘 수업에 집중하도록 해요. 이 책은 잠깐 여기 두고요."

세훈은 즉답을 듣지 못해 별로 내키지 않았지만 자리로 돌아갔다. 폴리비오스는 본론으로 들어가 이야기를 시작했다.

"혹시 여러분 중에 세훈 학생의 질문에 답할 사람이 있습니까?"

그러자 명식의 목소리가 들렸다.

"제가 보기엔 그냥 우연이에요. 복권에 당첨되는 거랑 같은 거죠."

"명식 학생, 역사에 우연이란 없습니다. 필연만 존재하죠."

폴리비오스의 말이 끝나자마자 원영이 입을 열었다.

"다른 시대는 잘 모르겠지만, 진나라의 경우에는 전부 진시황 스스로 자초했다고 생각해요. 폭정을 휘두르고 극도의 사치를 일삼았으니까요. 진나라의 멸망은 진시황 때문이에요!"

"학생의 말도 분명 맞습니다. 그러나 가장 근본적인 원인은 아니죠. 진나라가 멸망한 진짜 이유는 따로 있었습니다. 말 나온 김에 진나라부터 짚어 볼까요? 진나라는 뛰어난 정치적 수단과 강력한 군사력을 바탕으로 천하를 통일했지만, 진나라의 조정은 나머지 멸망한 여섯 나라의 군주와 왕후 장상들을 기반으로 하고 있었습니다. 따라서 진심으로 진나라에 충성을 바치고자 하는 사람은 거의 없었습니다. 그저 자신들의 목숨을 부지하기 위해 항복했을 뿐이니까요."

폴리비오스는 차분히 계속 설명해갔다.

"즉 표면적으로는 태평성대였지만 실제로는 그렇지 않았다는 뜻입니다. 진시황이 나머지 여섯 나라를 통합한 그날부터 언제든지 내란이 일어날 가능성이 있었습니다. 또 진시황은 자신이 여섯 나라를 통합한 이후에도 강남江南 지역이 여전히 월족越族의 손 안에 있다는 사실을 두고 볼 수가 없었습니다. 이미 천하를 통일했으니 강남 지역 역시 자신이 통치해야 한다고 생각했던 거죠. 그 유명한 월족과의 전쟁이 발생했던 까닭도 바로 이 때문입니다. 비록 전쟁에서는 승리했지만 진나라가 치러야 했던 대가도 만만치 않았습니다. 게다가 북방의 흉노족이 세운 국가 역시 큰 골칫거리로 남아 있었습니다. 흉노족의 침입에 대항하기 위해 30만 명의 병력을 보내 북부 변경을 방어하게 했고, 그들이 남쪽으로 내려오는 것을 막기 위해 엄청난 자금을 들여 만리장성을 쌓았죠. 진시황의 목적은 자신의 영토를 굳건히 지키는 데 있었습니다. 하지만 역사는 마치 그를 비웃기라도 하듯, 진나라의 운명은 그리 오래가지 못했습니다. 15년 만에 멸망의 길로 접어들었으니까요."

"그리스에서 오셨으면서 중국 역사를 어쩜 그렇게 잘 아세요?"

세훈이 신기하다는 표정으로 물었다.

"그리스의 역사만 연구했다고 말한 적은 없었는데요. 나는 깨달음이 없다면 인간이나 동물이나 근본적으로 다를 바가 없다고 생각합니다. 강한 우두머리에게 복종하는 것을 모두 익숙하게 여기죠. 시간이 흐르면서 이러한 통치는 점차 왕정으로 변화, 발전하고 정의나 도덕 같은 관념이 생겨나기 시작합니다. 하지만 후대가 왕위를 세습 받게 되면서 왕의 자리는 보통 사람들보다 훨씬 많은 요구 조건을 갖추어야만 했습니다. 따라서 처음의 왕정은 점차 약화되고 그 아래의 귀족 신하들이 권력을 잡게 됩니다. 이것이 바로 '귀족 정치'입니다."

폴리비오스는 겸연쩍어 하는 세훈을 한번 보더니 다시 말을 이었다.

"처음의 왕이나 왕위를 세습 받은 자들은 현명한 정치를 펼쳤습니다. 하지만 후대의 왕들은 재물을 긁어모으며 사치와 방탕을 일삼는 폭군이 되었습니다. 혈통적인 귀족 정치는 과두 정치로 변하며 이들 역시 결국 폭군의 길을 가기는 마찬가지였죠. 그 후 들어선 새로운 정권은 단시간 내에 국민들에게 자유와 평등, 존중을 가져다주는 듯 보였지만 역시 몇 대(代) 지나지 않아 최고 권력의 자리에 앉은 이는 더 많은 권력을 얻기 위해 타락했습니다. 원래 사회는 마치 자동차 바퀴처럼 이렇게 야만적인 상태를 향해 굴러가고 결국 새로운 주인이 나타나게 되죠. 그래서 나는 역사의 정률이란 언제나 이처럼 순환한다는 것을 도출해냈습니다."

폴리비오스는 자신의 유명한 이론인 정체순환톤에 대해 펼쳐나가기 시작했다.

"모든 국가의 쇠락은 다음 두 가지에 의해 좌우됩니다. 하나는 외부로부터 들어오는 힘이고, 다른 하나는 국가 내부의 올바른 발전이죠. 외부의 힘에는 정해진 법칙이 없지만, 후자의 경우에는 분명 규칙적인 진행 과정이 존재합니다.《역사》를 쓸 당시 나는 이러한 관점에서 로마 공화국의 역사를 관찰했습니다. 그래서 로마 공화국이 어떻게 형성되었는지, 어떻게 발전하여 완전한 모습을 갖추게 되었는지, 심지어 이 위대한 국가가 어쩌다 쇠락의 길을 걷게 되었는지도 알 수 있었죠. 세상 모든 만물이 그러하듯 국가나 정치체제도 일련의 포물선 과정을 거치는 것으로 보입니다. 여러분도 역사를 바라볼 때 어느 한 부분에만 주목하지 말고 역사의 변화와 그 변화를 일으킨 원인이 무엇인지 주의 깊게 살펴보길 바랍니다."

민주적인 로마의 공화정

그때 갑자기 세훈의 목소리가 들렸다.

"선생님의 책에는 로마의 공화정이 아주 많은 부분을 차지하고 있어요. 그건 선생님께서 각별한 애정을 갖고 있다는 뜻인가요?"

폴리비오스는 어쩔 수 없다는 듯 대답했다.

"학생이 꼭 그렇게 생각하고 싶다면, 그렇게 생각해도 좋습니다. 그런데 사실……."

폴리비오스는 몇 초간 말을 멈추었다가 다시 입을 열었다.

"그건 당시 로마의 공화정 제도가 가장 우수하다고 생각해서였습니다. 제가 혼합정체론을 펼친 까닭도 여기에 있습니다. 로마의 공화정은 삼권이 분리되어 있었죠. 왕권, 그리고 귀족과 평민으로요. 왕권은 두 명의 집정관이 장악하고 있었습니다. 집정관은 국내의 일들을 관장하고 군대의 작전을 지휘했습니다. 각 집정관의 임기는 1년이었고 연임할 수 없었죠. 임기를 다 채우고 나면 100인회를 소집해, 다음 집정관을 선출했습니다. 권력에 있어서 2명의 집정관은 완전히 평등했습니다. 비상시에는 국가 회의에서 2명의 집정관 위에 6개월 임기의 독재관獨裁官을 따로 두었습니다. 원로원과 쿠리아회, 그리고 100인회는 귀족들로 구성되었습니다. 이 중 쿠리아회는 유명무실했고, 100인회의 대다수는 당시의 재력가들이 차지하고 있었습니다. 회의에 제출되는 모든 안건은 원로원의 승인을 거쳐야 했기 때문에 당시 국가의 진정한 권력기관은 원로원이었습니다. 300명의 원로원 의원들은 그 신분이 평생 유지되었기에 가장 거대한 귀족 집단인 동시에 가장 견고한 보루라고 할 수 있었죠. 직설적으로 말하자면 로다의 앞날과 운명이 사실상 원로원 300명의 손에 달려 있었던 겁니다."

폴리비오스는 설명을 이어나갔다.

"마지막은 평민들이었습니다. 기원전 494년 로마는 호민관護民官이라는 관직을 만들었습니다. 처음에는 2명이었지만 후에 10명까지 늘어나게 됩니다. 당시 이 관직을 만든 목적은 평민들의 이익을 보호하기 위해서였습니다. 평민에게 불리한 행위나 법령이 있다면 그것을 거부할 수 있는 권리가 있었죠. 호민관의 신분과 부결권은 신성불가침했으며 그 후로 호민관의 권력은 꾸준히 확대됩니다. 이외에도 당시 로마에는 법무관, 재정관財政官, 시정관市政官 등이 있었죠. 모든 관원의 임기는 1년이었고 역시 연임할 수 없었습니다."

"고대 국가에 그런 민주적인 제도가 존재했었다니, 정말 생각지도 못했어요!"

세훈이 감탄했다.

"삼권분립은 고대 로마의 기본 정치 체제이자 더 나아가 고대 서구 사회에 가장 큰 영향을 미친 정치 체제라고도 말할 수 있습니다. 이는 군주제와 회의제, 그리고 공화제까지 세 가지의 제도를 전부 합친 것으로, 로마가 당시 서구 사회의 패권을 장악할 수 있었던 이유 역시 바로 이 완벽한 제도 덕분이었습니다. 물론 면밀히 분석해보면 그 안에 숨겨진 갈등과 겉으로 드러나지 않은 폐해가 발견되기는 합니다. 예를 들면 노예와 주인 사이에 존재하는 갈등이라든가, 영토가 계속 확장됨에 따라 나타나는 정복자와 피정복자 사이의 갈등, 개혁파와 보수파 사이의 갈등, 원로파와 기사파 사이의 갈등이 있었죠. 그중에서도 가장 핵심은 귀족과 평민 사이의 갈등이 시종일관 로마의 공화정에 존재했다는 사실입니다. 그렇기 때문에 로마의 공화정은 그 후 개혁이라는 새로운 길을 걷게 되죠."

폴리비오스, 어떻게 역사를 연구해야 하는지 밝히다

폴리비오스는 주제를 바꿔 세훈을 향해 물었다.

"세훈 학생, 사실 이곳에 오기 전에 헤로도토스와 크세노폰에게 이야기를 좀 들었습니다. 굉장히 '까칠한' 학생이라던데, 맞습니까?"

그러자 세훈은 멋쩍어하며 대답했다.

"전에는 분명 그랬죠. 하지만 헤로도토스 선생님의 수업 덕분에 이제는 많이 바뀌었어요. 지금은 다른 쪽에 더 집중하고 있고 여기 친구들도 전부 다 알아요. 아까 쉬는 시간에도 같이 농구하자고 했는데 저는 따라 나가지 않았거든요."

세훈의 대답을 듣자마자 폴리비오스는 역사 만화를 집어 들며 물었다.

"그럼 분명 이 책을 보고 있었겠네요?"

폴리비오스가 책에 대해 묻자 세훈은 갑자기 신이 나서 큰 소리로 말하기 시작했다.

"네, 맞아요! 요즘 그 책만 열심히 연구하는 중이에요. 역사 속의 영웅들, 은둔자들, 배신자들, 혹은 폭정을 일삼은 왕 같은 인물이요! 정말 흥미롭거든요."

"그렇다면 내가 학생에게 충분히 '어려운' 일거리를 하나 줄게요. 지금부터 수업이 끝날 때까지 자리에서 서서 듣도록 하세요."

폴리비오스의 말이 떨어지자 세훈은 엉거주춤 일어나 퉁명스러운 목소리로 말했다.

"서서 수업을 들으라니요? 지금 농담하시는 거죠? 제가 알기로는 서구 사회에서 스승과 제자는 '평등'을 중시한다던데요!"

그러자 폴리비오스가 웃으며 대답했다.

"분명 그렇죠. 그런데 학생이 역사를 대하는 태도를 보니 이렇게 할 수밖에 없네요. 이번 수업을 집중해서 듣고 역사를 어떤 태도로 연구해야 하는지 깨닫길 바랍니다! 여기 학생들 중에 역사를 제대로 연구하는 방법을 혹시 아는 사람이 있습니까?"

교실 안은 조용해졌다.

"이제부터 하는 이야기를 잘 듣도록 하세요."

폴리비오스는 아주 잠깐 침묵한 뒤 계속해서 말을 이어갔다.

"역사를 어떻게 연구해야 하는지 알고 싶다면 우선 역사가 어떻게 구성되어 있는지부터 이해해야 합니다. 역사의 시스템은 세 가지로 구성되어 있습니다. 첫째, 모든 회고록과 문헌에 대한 꾸준하고 체계적인 연구가 필요합니다. 그다음 이들 사이의 내용을 서로 비교해야 하죠. 둘째, 지역과 도시 및 호수, 심지어 육지와 바다의 모든 특징과 서로 다른 지역 간의 거리를 조사해야 합니다. 마지막으로 정치적인 사안 역시 주의 깊게 살펴보아야 합니다. 역사학의 영역에서 가장 우선적으로 면밀히 조사해야 할 대상은 과거에 사용되었던 단어와 문장에 대한 의미 파악입니다. 그러고 나서 당시의 정책에 대한 연구가 진행되어야겠죠. 바로 이것이 성공과 실패를 결정짓는 요인입니다. 물론 어떤 단편적인 사건에 대한 서술은 분명 흥미를 불러일으킬 수 있습니다. 하지만 교육학적인 관점에서 보자면 이러한 서술은 아무런 의미가 없습니다. 역사 연구에서 진정한 수확을 얻으려면 사건 전체를 관통하는 전후 인과관계를 분명히 해야만 합니다. 역사적 사실과 지금 이 시대에 발생한 사건을 비교하면 방법과 근거를 도출할 수 있고, 그로 인해 미래의 예측이 가능하니까요."

"그럼 선생님께서는 어떤 입장에서 역사를 연구하시는데요?"

세훈이 계속 선 채로 질문했다.

"바로 그 부분을 지금부터 이야기하겠습니다. 우선은 시야를 넓혀야 합니다. 나는《역사》에서 로마의 역사만 기술하지 않았습니다. 그 안에는 내가 알고 있는 모든 세계의 역사가 전부 기록되어 있습니다. 비록 오늘날의 관점으로는 '세계'가 아니지만 말입니다. 당시 지중해 연안의 여러 국가와 민족에 대한 역사는 꽤 많은 분량을 차지합니다. 나는 각 나라들의 역사가 따로 분리될 수 없을 뿐만 아니라 서로 영향을 미친다고 생각합니다. 게다가 역사적 사건들의 발전 방향은 결국엔 하나로 통일되기 마련이죠. 따라서 개별적인 역사적 사건에 대한 단순한 서술은 아무런 의의가 없다고 봅니다. 역사 전체를 꿰뚫어보는 안목을 가지고 단편적 사건을 그 안에 집어넣었을 때 비로소 정확한 평가를 내릴 수 있으니까요. 이밖에도 역사를 연구할 때에는 진리를 탐구하겠다는 마음가짐이 반드시 필요합니다. 굳건한 태도를 견지하며 사실만을 기록한 역사가 바로 진실한 역사입니다."

이때 갑자기 서영이 중간에 불쑥 끼어들며 큰 소리로 말했다.

"선생님의 책에서 본 적이 있어요. '역사의 진실은 사람의 두 눈과 같다. 만약 두 눈을 뽑아버린다면 그 사람은 평생 불구로 살아야 한다. 마찬가지로 역사에서 진실을 빼버린다면 그 나머지는 전부 터무니없는 말이 될 것이다.' 또 이런 말도 쓰셨죠. '역사학자는 흥밋거리로 독자들을 현혹해선 안 된다. 사실의 기록이 사람들에게는 무미건조하게 느껴질지 몰라도 역사학자의 눈에는 정반대로 그것이 희극처럼 보여야 한다. 극작가는 가장 아름답고 감동적인 말들로 관중을 끌어모으지만, 역사학자는 역사적 사건의 사실만으로 사람들에게 신뢰를 얻어야 한다. 그래야 까다로운 다른 학자들에게도 오래도록 도움을 줄 수 있다.' 제 말이 맞죠?"

폴리비오스가 흐뭇하게 웃으며 말했다.

"요즘에도 내 책을 읽는 사람이 있군요! 맞습니다. 역사학자는 어느 한쪽으로도 치우침이 없어야 할 뿐만 아니라 파벌을 형성해서도 안 됩니다. 굳이 비유하자면 공정하고 사심 없는 '법관'이라고나 할까요. 즉 자신이 찾아낸 수많은 사실들에 근거해 최후의 결론을 도출해내야 합니다. 또한 역사를 연구하는 사람에게는 '역사적 도덕성'이 특히 중요합니다. 다시 말해 역사학자는 도덕적으로 고결한 인품을 갖추어야 하겨 절대로 자신의 주관이나 기호에 따라 역사적 사실을 왜곡해서는 안 됩니다. 나는 당시의 진상을 정확히 알기 위해 스페인과 갈리아, 리비아 등지를 직접 방문해 조사를 벌인 적도 있습니다. 제2차 포에니 전쟁에서 카르타고의 한니발 장군이 알프스 산맥을 넘어 이탈리아 반도를 침략하는 과정을 좀 더 생생히 묘사하기 위해 그 행군의 경로를 직접 걷기도 했죠. 무척이나 고되고 힘든 일이었지만 그럴 만한 가치가 있다고 생각했습니다."

역사의 가치는 후세에 교훈을 주는 것

폴리비오스는 잠시 목을 가다듬은 뒤 계속해서 말을 이어갔다.

"나는 끊임없이 독립적인 사고를 하며 역사의 인과관계를 중시하라고 강조했습니다. 내가 쓴 책에서 처음부터 끝까지 가장 중요하게 강조했던 점은 역사가 후세에 가르침을 남긴다는 사실이었습니다. 역사가 소중한 까닭은 후세의 사람들에게 교훈을 주기 때문이죠. 저는 역사를 '사실로 가르치는 철학'이라 생각합니다. 역사는 절대 기록과 동일시될 수 없습니다. 역사는 여러분이 지금 사용하는 컴퓨터처럼 실용적인 가치가 매우 큰 학문입니다. 또한 역사는 사람들의 지혜를 넓혀줄 뿐만 아니라 가야 할 방향을 알려주는 나침반이기도 합니다. 역사는 현재의 우리들에게 무수히 많은 선례를 제공해주고 있으며 우리의 생활 속에서 맞닥뜨리는 수많은 규율이 순환한다는 사실을 알려주고 있습니다."

폴리비오스가 계속 말을 이어가려 하는 순간, 서영의 목소리가 또다시 교실 안에 울려 퍼졌다.

"맞아요, 선생님. '역사 연구를 통해 얻은 정확한 인식과 명확한 견해는 실제 생활에 적용 가능한 가장 좋은 교육이다. 역사 덕분에, 그리고 오직 역사가 있기에 우리는 실제로 어떤 일을 전부 겪어보지 않고도 판단력을 훈련할 수 있으며 적절한 방책을 세울 수도 있다.' 이렇게 쓰셨죠."

폴리비오스가 고개를 들어 교실의 뒤쪽 구석에 앉은 서영을 살펴봤다.

"서영 학생은 내가 쓴 글을 토시 하나 틀리지 않고 그대로 외우고 있네요. 그 책을 자세히 연구한 적이 있습니까?"

폴리비오스의 얼굴에 꽤나 흥미로워하는 기색이 보였다. 그러자 서영이 웃으며 대답했다.

"연구라니요, 당치도 않죠. 인터넷에서 선생님에 대한 자료를 많이 찾아봤을 뿐입니다."

"연구하지 않았다고 해도 굉장히 기쁘네요. 정보의 홍수 시대 속에서 여전히 역사에 관심 있는 학생이 있다니 말입니다. 나의 사상이 마침내 동아시아에도 전해졌군요!"

그때 폴리비오스는 흘끗 벽시계를 보더니 수업 시간이 앞으로 2분밖에 남지 않았다는 사실을 알고 학생들을 향해 마지막 질문을 던졌다.

"여러분, 오늘 내가 세훈 학생에게 너무했다고 생각합니까?"

얼마의 시간이 흐르도록 아무도 대답을 하지 않자 폴리비오스가 웃으며 말했다.

"여러분이 무슨 생각을 하는지 알고 있습니다. 세훈 학생은 그저 보통 학생일 뿐이고 게다가 전문적으로 역사를 연구하는 학자도 아닌데 모두 함께 있는 수업 시간에 이런 벌을 주다니 너무 인정 없다고 생각할 겁니다. 맞습니다. 분명 조금은 호된 처사였지만, 실은 이를 통해 여러분에게 본질적으로 알려주고 싶은 것이 있어서였습니다. 역사는 가벼운 웃음거리로 포장될 수는 있지만 절대로 그 자체가 대중의 오락이 되어서는 안 된다는 사실입니다. 역사는 여러분 인생의 나침반이 되어야 합니다! 자, 오늘 수업은 여기까지 하죠!"

황급히 말을 마친 폴리비오스가 눈앞에서 사라지자 때마침 종이 울렸다. 세훈은 앞으로 걸어 나가 교탁에 놓여 있는 자신의 책을 집어 들었다. 그런데 지금껏 읽지 않았던 '머리말'이 펼쳐져 있었다. 글을 쭉 읽어 내려가던 세훈은 다음과 같은 구절을 발견했다.

"이 책이 역사에 다가가기 위한 입문서가 되었으면 합니다. 이 책을 읽고 나서 젊은 독자들이 역사에 흥미를 느끼고 역사를 제대로 연구할 수 있기를 바랍니다."

사마천 선생님, 역사책을 쓴다는 것은 어떤 의미인가요?

▶▶ 사마천이 대답해주는 '사기' 이야기

역사가들은 역사를 연구하고 왜 책을 남기는 걸까요?

후세에 전하고 싶은 교훈이 있기 때문이라고 생각해요. 역사가가 치세를 기록한다면 역사의 영광을, 혹세를 기록한다면 역사의 과오를 통해 결국 후세가 교훈을 얻기를 바란 거죠.

그들이 역사책을 쓰는 건 단지 후세를 위해서만은 아니에요. 역사가는 과거의 역사에 대한 연구를 통해 자기 시대에 필요한 지혜를 얻기 위해서 역사책을 쓰는 사람이라고 생각해요.

▶▶ 생각해보기 ◀◀

궁형이라는 치욕을 당한 사마천은
방대한 《사기》를 어떤 마음으로 쓴 걸까?

쉬는 시간, 대부분의 학생들이 복도에서 시시덕대고 있는데 세훈은 교실 안에 멍하니 앉아 있었다. 그때 세훈과 가장 친한 재준이 다가와 어깨를 툭 치며 말을 걸었다.

"야, 혼자 무슨 생각을 그렇게 해?"

"역사 강의가 재밌긴 한데, 네 번 연속 서양에서 오신 선생님이었잖아. 오늘은 동양의 역사에 대해 강의해줄 선생님이 오셨으면 좋겠다는 생각을 하고 있었어."

그때 수업종이 울렸다.

사마천은 중국의 역사를 어떻게 기록했을까?

자리에 앉은 학생들은 교실로 걸어 들어오는 선생님의 겉모습을 보고 무척 의외라고 생각했다. 오직 세훈만이 마음속으로 쾌재를 불렀다. 황색 피부에 검은 머리, 기다란 소맷부리에 기다란 허리띠까지! 두말할 필요 없이 동양인이었다.

"여러분, 안녕하세요. 사마천이라고 합니다. 《사기》를 쓴 중국의 역사학자입니다. 오늘은 내가 역사 수업을 맡았습니다.”

“사마천이라니!”

너무 놀란 나머지 세훈은 그 자리에 얼어붙고 말았다. 사마천과 《사기》는 모르는 사람이 없을 정도였다.

“정말로 사마천 선생님이세요? 와! 그럼 선생님께서 쓰신 명작 《사기》에 대해 강의해주실 건가요?”

세훈이 믿을 수 없다는 듯 기쁨에 벅차 말했다.

“그렇습니다. 좀 더 정확히 말하자면 오늘 여러분과 함께 토론하러 온 것이죠.”

“정말 신 나요! 제가 정말 고대했던 일이에요!”

사마천이 웃으며 말했다.

“이렇게 흥분하는 걸 보니 학생에게 바로 질문을 해도 괜찮겠네요. 학생은 《사기》에 대해 얼마나 알고 있습니까?”

사마천의 질문이 끝나자마자 세훈은 거침없이 술술 대답했다.

“선생님의 《사기》는 객관적이고 총체적이며 진실을 반영한 말 그대로 역사에 길이 남을 명작이죠. 그 책이 세상에 나온 이후 사람들은 《사기》를 일컬어 ‘실록’이라고 칭송했고, 선생님의 붓 끝에서 역사적 인물 하나하나가 생생하게 되살아났죠. 말하자면 우아하고 아름다운 전기傳記가 과학적인 역사 작품과 결합되었다고나 할까요. 중국의 저명한 문인 루쉰은 선생님의 《사기》를 ‘역사가의 빼어난 노래요, 운율 없는 이소離騷(낭독시)다’라고 평했어요.”

“과찬의 말이라 몸 둘 바를 모르겠군요. 그런데 오늘 강의에서 가장 중요한 내용을 학생이 벌써 이야기했습니다. 바로 '진실'입니다."

사마천은 몸을 돌려 학생들을 바라보며 말했다.

"모두 알고 있겠지만 나는 한나라, 그것도 명성이 자자했던 무제武帝 시대의 사람입니다. 한나라의 통치 기간은 자그마치 400년에 이릅니다. 한나라는 분명 위대한 왕조였습니다. 그렇다고 해서 모든 것이 좋았다고는 할 수 없겠죠. 그건 《사기》를 쓰면서 각별히 중시했던 부분이기도 합니다. 내가 죽고 난 뒤 후대 사람들이 일컬어 '사상의 진보'라 평론하기도 하죠. 사실 내 생각은 아주 간단했습니다. '사실만을 말하고 실제만을 기록하자! 좋은 것이든 나쁜 것이든 전부 다 착실히 써 내려가자!' 왕과 제후 등 천하의 주인 자리를 차지한 인물사를 실은 〈고조본기高祖本紀〉에는 당시 고조(유방)에 대한 신화나 전설뿐만 아니라 고조의 강인한 의지, 활달하고 넓은 도량, 올바른 인재 등용과 같은 장점을 기록했습니다. 동시에 고조가 갖고 있던 많은 취약점들, 예를 들자면 의심이 많고 주색酒色을 밝힌다는 점 역시 함께 기록했죠. 신화나 전설이 포함된 것에 대해서는 당시 전통 사회라는 역사적 한계성이 있었다는 점을 부디 양해해주기 바랍니다."

바로 그때 재준이 불쑥 끼어들었다.

"사마천 선생님, 너무 겸손하신 것 같은데요. 제가 선생님을 대신해서 좀 더 깊이 말씀드릴게요. 방금 선생님께서 말씀하신 유방에 대한 평가는 표면적으로는 칭찬처럼 보이지만 실제로는 풍자로, 유방의 허세에 찬 교활함에 대한 폭로이기도 해요. 〈항우본기項羽本紀〉에서는 항우와 유방을 비교해 묘사하면서 결과적으로 역시 진나라 말기 군웅들이 각축을 벌일 당시 유방이 얼마나 비겁하고 무능하며 옹졸했는지를 폭로하셨죠. 〈회음후열전淮

陰侯列傳)과 〈소상국세가蕭相國世家〉에서는 구체적인 사례를 통해 유방이 과도하게 의심이 많았음을 공개하셨어요. 유방은 신하의 공훈과 업적을 질투한 것도 모자라 의심을 해소하기 위해 공신들을 죽이기까지 했으니까요. 선생님도 한나라 출신이잖아요. 같은 나라 민족을 그렇게 비판했는데 고조에게 조금은 미안하지 않으신가요?”

사마천은 흐뭇한 미소로 화답했다.

“정말 많이 알고 있군요! 맞습니다. 책 속에 그런 부분이 자주 등장하죠. 나와 유방은 같은 시대의 사람이 아니니, 결코 우리 둘 사이에 개인적인 원한이 있을 리 없습니다. 다만 역사를 존중하고 사실을 존중했기 때문에 그렇게 썼을 뿐입니다. 그 행동은 분명 유방이 저지른 일이었으니까요. 나는 사관史官으로서 그저 기록을 했을 뿐, 유방 본인의 업적과 과오에 대한 평가는 전부 후세의 몫입니다.”

사마천의 ‘군주에 대한 평가’

재준은 사마천의 칭찬에 용기를 얻었는지 또 다른 질문을 했다.

“그럼 선생님, 무제는 어땠나요? 58년간 재위했고 진시황과 더불어 가장 위대한 황제잖아요. 당대를 직접 겪으셨으니, 선생님께서 생각하시는 ‘진짜 군주’에 대한 평가를 듣고 싶습니다.”

“학생의 말처럼 그는 분명 대단한 황제였습니다. 정치적으로는 중앙집권을 강화하고 연호年號를 처음으로 사용했습니다. 문화적으로는 다른 학파를 배척하고 오로지 유학만을 숭상하는 정책을 취했으며, 외교적으로는 서역과 교류하여 그 유명한 실크로드를 개척했죠. 군사적으로는 흉노족과 고조선을 정복하기도 했습니다. 무제가 일생 동안 이룩한 업적은 헤아릴 수 없이 많았고 백성들은 분명 태평성대를 누렸습니다. 하지만 완벽한 사람은 없는 법, 나는 〈봉선서封禪書〉에서 한 무제의 결점에 대해 언급한 적이 있습니다. 그는 지나치게 미신을 믿었고 불로장생하기 위해 온갖 방술에 집착했죠. 그는 자신의 잘못된 생각을 끝내 깨닫지 못했습니다. 아마 죽어서도 그러지 않을까 생각합니다. 〈평준서平準書〉에는 이런 내용도 있습니다. 비록 한 무제가 다른 나라와 전쟁을 벌여 많은 승리를 거두기는 했지만 그는 군대를 지휘하는 데 과도한 사치와 낭비를 했습니다. 요즘 말로 하면 겉치레를 중시했어요. 이는 백성들에게 몹시 막중한 부담을 지우는 일이었습니다. 이밖에도 〈혹리열전酷吏列傳〉과 〈순리열전循吏列傳〉에서는 그의 정치에 대한 폭압적인 혐오와 비통을 동시에 표현했습니다."

사마천은 자신이 쓴 《사기》에 대해 엄청난 자부심을 보이며 설명을 이어갔다.

"나는 전통 왕조 시대의 사람이었습니다. 모든 것이 황제의 규제 속에 있었죠. 그러나 나의 《사기》는 결코 그렇지 않습니다. 만약 여러분이 정말 진지하게 《사기》를 처음부터 끝까지 읽어본다면 기록 속에서 백성들이 전제 권력의 폭정 속에 어떻게 저항했으며 각지의 민란이 어떻게 전개되었는지를 쉽게 발견할 수 있을 겁니다. 이런 기록을 남겼던 이유는 '관리의 착취가 심해지면 백성은 반란을 일으킨다'는 영원불변의 진리를 후세 사람들에게 알려주기 위해서였습니다. 비록 나는 나라의 녹을 먹는 신분이었지만 핍박받고 무시당하며 착취당하는 수많은 백성들을 동정했습니다. 진승陳勝의 난이나 오광吳廣의 난 같은 농민들의 반란을 아주 상세히 묘사한 이유이기도 하죠. '가장 진실한 역사를 모두에게 보여주자!' 이것이 《사기》를 쓴 가장 중요한 목적입니다."

사마천, 역사를 통해 국가 재정과 국민 생활에 대해 말하다

그때 세훈이 갑자기 화제를 바꾸는 말을 던졌다.

"선생님의 《사기》는 전부 역사의 기록만은 아니에요. 〈화식열전貨殖列傳〉에서는 경제 문제를 거론하기도 하셨어요. 그 부분에 대해서 좀 더 자세히 말씀해주세요. 저는 거기에 더 흥미가 생겼거든요."

사마천은 자신의 책을 꼼꼼히 읽은 듯한 세훈의 말에 호탕하게 웃으며 대답했다.

"경제에 대한 나의 견해를 듣고 싶다면 얼마든지 이야기해줄 수 있습니다. 그런데 방금 학생이 했던 말을 바로잡을 필요가 있겠네요. 역사에는 정치, 군사, 위인만 포함되지 않습니다. 사실상 과거의 모든 것을 일컬어 '역사'라고 합니다. 경제와 문화도 마찬가지죠. 요즘 서점에서는 경제사나 문화사 같은 책도 쉽게 찾아볼 수 있지 않습니까? 그래서 위와 같은 내용을 단독으로 거론하지 않고 《사기》에 포함시켰던 겁니다."

사마천의 말이 끝나기가 무섭게 재준의 목소리가 들려왔다.

"맞아요. 선생님의 《사기》 중에서 〈화식열전〉은 당시 전무후무했던 최초의 시도였어요! 이 열전은 역사학의 관점에서도, 경제학의 관점에서도 그 의미가 상당히 중요해요. 이전 시대의 문인이나 사관들은 경제 방면에 관한 기록을 중시하지 않았으니까요. 하지만 선생님의 경제에 관한 관념은 지금 우리 사회에 적용해도 전혀 시대에 뒤떨어지지 않아요. 오히려 새로운 영감을 줄 정도로요!"

그러자 사마천이 멋쩍게 웃으며 말했다.

"하하, 재준 학생의 말도 맞습니다. 지금 돌아보면 당시로서는 정말이지 혁신적이었죠. 사실 이것도 무척 간단한 이치입니다. 사람들에게는 평소 의식주에 대한 어느 정도의 객관적 요구치가 분명히 있습니다. 이는 본능적인 것으로, 이러한 요구 혹은 필요는 앞으로도 영원히 존재할 겁니다. 〈화식열전〉에 이런 내용을 썼습니다. '신농씨神農氏 이전은 어떠했는지 나는 알지 못한다.《시경詩經》과《서경書痤》의 우虞 나라와 하夏 나라 이후 이르기를, 사람들의 귀와 눈은 아름다운 것을 듣고 보려 하며 입은 가축의 고기 맛을 보려 하고 몸은 편안한 곳에 있길 원하고 마음은 자신이 누리는 영화를 자랑한다. 이러한 풍속이 백성들에게 이미 젖어든 지가 오래되었으니 아무리 훌륭한 가르침으로도 교화가 되지 않는다. 그러므로 가장 좋은 정치는 그 원인을 찾아 해결한 다음 이익이 있는 곳으로 사람들을 이끌며, 그 다음엔 백성들을 깨우쳐주고, 마지막으로 고르게 바로잡는 것이다. 백성과의 다툼은 가장 잘못된 정치다.'라고요."

사마천의 말이 끝나자마자 세훈이 말을 이었다.

"선생님 말씀이 맞아요. 황제도, 백성도 모두 엄마 배 속에서 나온 똑같은 사람이죠! 일단 사람의 몸으로 세상에 태어난 이상 물질적인 추구를 하는 건 당연한 일이에요.”

“맞습니다. 그렇기 때문에 물질적인 생활을 만끽하고 그것을 더 높은 수준으로 끌어올리려는 욕구가 필연적으로 존재한다는 겁니다. 이에 역행한다면 그리 좋은 결과를 기대할 수 없겠죠. 나는 예나 지금이나 사람들이 어떤 물질적인 생활을 영위하느냐가 사회에 중요한 영향을 미친다고 봅니다. 그리고 사람들의 사회적 지위나 도덕관념, 재정적인 상태가 모두 서로 연관되어 있다고 생각합니다. 고대 사회를 가장 극명하게 보여주는 예를 들어볼까요? 돈이 많다면, 다른 사람을 노예로 부릴 수 있을 겁니다. 만약 돈이 없다면, 본인이 노예가 되겠죠. 예절과 도덕 역시 일정한 물질적 기초 위에 세워집니다. 이렇게 한번 가정해보십시오. 만약 지금 수중에 단돈 십 원도 없다면, 게다가 며칠을 굶주려 배가 고프다면…….”

사마천은 잠시 학생들을 둘러본 뒤 말을 이었다.

“그렇다면 분명 수단과 방법을 가리지 않고 먹을 것을 약탈하겠죠. 사람이 그 지경이 되면 오로지 어떻게 살아남느냐를 가장 먼저 생각할 테니까요. 어떤 상태로 혹은 어떤 방법으로 살아가느냐는 다음 문제죠. 내가 경제를 가장 중요하게 생각하는 또 하나의 이유는 경제의 좋고 나쁨으로 인해 한 나라의 국력이 좌우되기 때문입니다. 모두가 알고 있듯이 외진 곳에 위치했던 초기의 진秦나라는 그리 강하지 않았습니다. 진나라가 나머지 여섯 국가를 무너뜨리고 통일된 왕조를 이룩할 수 있었던 이유는 국가 내부에 전면적인 개혁을 실시해 경제를 발전시켰기 때문입니다.”

이번엔 명식이 끼어들었다.

“당연하죠. 그건 지금도 마찬가지예요. 국가의 경제가 발전하지 못하면 자금이 부족할 텐데 어떻게 군사나 과학 기술을 발전시킬 수 있겠어요? 게다가 국민들은 어떻게 생활하고요? 이전 수업의 선생님들도 그렇게 말씀하셨어요. 전쟁할 때 가장 중요한 건 경제라고요. 저도 나라와 나라 사이에서 가장 치열하게 겨루어야 하는 부분은 결국 경제라고 생각합니다.”

“모두 맞습니다. 그러니까 《사기》에서 위대한 제왕들의 전기만 읽지 말고 공업과 상업의 영역에서 걸출한 능력으로 사회에 공헌했던 사람들의 전기도 찾아보길 바랍니다.”

가만히 듣고 있던 세훈이 뭔가 깨달은 듯한 표정이 되어 말했다.

“말하기 좀 쑥쓰럽지만 오늘 선생님께서 수업을 해주셔서 정말 감사해요. 이번 시간을 통해 제대로 알게 되었어요. 선생님은 제 상상보다 훨씬 더 대단하신 분이에요!”

세훈의 마음에 작은 감동이 일었다. 세훈은 역사 수업을 통해 그동안 교과서로 알 수 없었던 많은 것들을 비로소 이해하고 있었다.

“과찬입니다. 중국의 역사학에 일종의 공로를 했다는 사실은 인정하지만, 위대한 사람이라고 생각하지는 않습니다.”

사마천의 유죄, 그리고 《사기》

사마천이 잠시 목을 축이며 쉬고 있을 때였다. 세훈이 조금은 당돌한 목소리로 질문했다.

“선생님, 이번엔 선생님의 개인적인 이야기를 듣고 싶어요. 그때 형벌을 받고 난 뒤 계속해서 《사기》를 집필했던 심정을 좀 구체적으로 말씀해주시면 안 될까요?"

세훈의 질문에 교실 안의 학생들은 웅성거리기 시작했다. 모두가 듣고 싶어 하는 내용이긴 했지만 차마 물을 수는 없었기 때문이다. 몹시 아프고 고통스러운 시절이라 세훈의 질문은 사마천에게 상처일 수 있었다.

"왜 안 되겠습니까."

사마천은 잠시 쉬고 나서 대답을 이어갔다.

"당시 조정의 신하들 대부분은 이릉李陵이 흉노에게 투항한 일을 두고 죽음을 피하려는 비겁한 행동이라 여겼습니다. 그때 나는 태사령太史令이라는 직책을 맡고 있었는데, 황제가 마침 내 생각을 물었죠. 나는 이렇게 대답했습니다. '이릉이 이끌고 간 군대가 채 5천 명이 되지 않습니다. 하지만 이토록 적은 숫자로 적진 한가운데를 돌파했을 뿐만 아니라 수만 명의 적군을 물리쳤습니다. 비록 그가 싸움에서는 졌지만 겨우 5천 명과 수만 명을 맞바꾸었으니 이 정도 성과라면 자신의 소임을 다했다 생각합니다. 죽음을 택하지 않았던 까닭에도 분명 자신만의 계책이 있었으리라 여겨집니다. 필시 이릉이 장래에 다시 공을 세워 폐하께 속죄하기 위함이 아니었을까 사료됩니다.' 그러나 대답을 마치고 나서 나는 곧바로 후회했죠. 황제는 내가 이릉을 변호한다고 생각했고, 심지어 이를 조정에 대한 불충이라 여겼습니다. 나는 즉시 감옥에 갇혔고 모진 고문과 형벌을 받아야 했습니다. 하지만 나는 결코 굴복하지 않았고 죄를 인정하지 않았습니다."

바로 그때, 어떤 학생이 느닷없이 끼어들었다.

"아이고, 선생님께서 그때 조금만 뜻을 누그러뜨리고 입에 발린 말이라도 하셨더라면 그토록 큰 벌을 받지는 않으셨을 텐데요! 정말 가혹한 처사라고 생각지 않으세요?”

무심코 내뱉은 말에 사마천은 화가 머리끝까지 치밀어 올라 그 학생을 향해 외쳤다.

“방금 뭐라고 했나요? 그럼 그게 죄였단 말입니까? 내가 무슨 죄를 지었나요? 나는 황제의 물음에 대답했을 뿐입니다. 신하로서 황제의 물음에 어찌 답을 하지 않을 수 있겠습니까? 단지 내 생각을 고했을 뿐입니다. 결국 감옥에 갇혔다고 해서 내가 잘못했다는 겁니까? 태사령이 그리 중요한 관직은 아닐지 몰라도 역사를 기록하는 사람이며, 나 사마천에게는 굽히지 않는 강직한 기개가 있었습니다!”

사마천은 말을 마친 후에도 분노가 가라앉지 않는 듯했다. 분위기가 여전히 냉랭했다. 그리고 꽤 오랜 시간이 흐른 뒤에야, 사마천은 평정을 되찾고 다시 이야기를 이어갔다.

“출처가 어디인지는 모르겠지만 얼마 지나지 않아 이릉이 흉노의 군사들을 몰고 다시 돌아올 거라는 소문이 들려왔습니다. 이 소문을 진짜라 믿은 황제는 이릉의 집안을 완전히 몰살시켰고 내게는 사형을 내렸죠. 당시 사형을 면하기 위해서는 50만 냥이라는 큰돈을 내는 방법과 생식기를 제거하는 형벌인 궁형宮刑을 받는 방법이 있었습니다. 익히 짐작하겠지만 나는 그만한 돈이 없었기 때문에 궁형을 택했습니다. 당시의 궁형이란 정말이지 크나큰 치욕이었습니다! 주위 사람들의 비웃음이 문제가 아니라 조상들의 이름까지 더럽히는 것이었으니까요. 나는 학문의 역사에 큰 업적을 남기고자 하는 마음으로 《사기》를 쓰지 않았습니다. 감옥에 갇힌 자에게 어찌 그런 원대한 희망이 있겠습니까! 그저 《사기》를 통해 조상님들의 체면이라도 살려드려야겠다는 생각밖에는 없었습니다. 대대로 사관이라는 관직을 맡았던 집안이기에 어떤 상황에서라도 그 책을 완성시키는 것이 나의 책임이라 생각했습니다."

사마천의 비장한 말투에 학생들은 모두 숨죽였다. 그때 세훈이 용기를 내어 물었다.

"그럼 선생님께서는 무제에게 특별한 원한이 없으신가요?"

"없다고 한다면 믿겠습니까? 한 무제는 분명 나게 의견을 물었고, 대답을 듣자마자 나를 감옥으로 보냈으며, 궁형을 내렸습니다. 하지만 나는 무제에게 감사할 뿐입니다. 시종관侍從官이던 시절, 황제는 곳곳을 시찰할 때마다 함께 데리고 가주었을 뿐만 아니라 부친이 작고한 이후에도 관직을 이어받을 수 있도록 태사령에 임명해주었으니까요. 역사적인 자료를 훨씬 더 손쉽게, 훨씬 더 많이 수집할 수 있었던 까닭도 바로 이 때문입니다. 감옥에 갇힌 직후에는 그저 분개한 마음뿐이었지만 이후에는 평정을 되찾았습니다. 《주역周易》이나 《춘추春秋》 또한 대부분 마음이 고통스럽거나, 아니면 자신의 이상이 실현될 수 없는 상태에 처한 사람들이 썼습니다. 그래서 나도 바로 그때가 《사기》를 쓰기에 가장 적합한 시기라 생각해서 썼습니다. 복잡한 심경이었지만 상고 시대부터 한 구제 원년에 이르기까지 본기本紀 12편, 표表 10편, 서書 8편, 세가世家 30편, 열전列傳 70편의 총 130편으로 이루어진 역사를 전부 기록했습니다."

세훈은 감동하지 않을 수 없었다.

"정말 굉장하십니다! 단지 《사기》를 완성해서가 아니라 그 내용의 방대함과 확실함, 그 문체의 생동감과 아름다움까지도요! 《사기》는 진짜 대단한 작품이에요!"

그때 수업이 끝났음을 알리는 종이 울리자 사마천은 미소를 지으면서 학생들을 향해 말했다.

"오늘 여러분과 함께여서 정말 즐거운 시간을 보냈습니다. 이렇게 이야기를 나눌 기회가 언젠가 또 있으면 좋겠네요. 모두들 잘 지내요!"

플루타르코스 선생님, 역사적 인물의 평가 기준은 무엇인가요?

▶▶ 플루타르코스가 대답해주는 '도덕역사관' 이야기

역사 속 인물을 도덕적으로 평가하는 것에 대해 어떻게 생각하나요?

역사적인 인물이라면, 객관적인 행위를 통해 평가해야 하지 않나요? 간혹 도덕성은 바르지 않을지 몰라도 위대한 업적을 세운 경우가 많거든요.

저 역시 도덕성은 평가의 고려 사항이지만, 그로 인해 인물이 이룬 치적을 평가절하해서는 안 된다고 생각해요.

도덕적 평가는 반드시 필요하다고 생각해요. 도덕적으로 평가하지 않는다면, 목적만을 위해 수단과 방법을 가리지 않아도 된다는 뜻이니까요.

▶▶ 생각해보기 ◀◀

플루타르코스는 역사책을 쓸 때
인물의 어떤 점에 주목한 걸까?

크세노폰의 수업 후 일주일이 훌쩍 지났지만 세훈의 머릿속에서는 여전히 그가 맴돌고 있었다. 그의 전쟁관 덕분에 깨달은 바가 많았을 뿐만 아니라 이제 세훈의 마음속에 크세노폰은 위대한 군사 전문가로 자리 잡았기 때문이다. 그래서 지난 주말에는 도서관에 가서 크세노폰의 《소아시아 원정기》를 시간 가는 줄 모르고 탐독했다. 모든 과정을 좀 더 명확히 이해하고 싶은 마음에서였다. 그리고 월요일, 학교에 도착한 세훈은 여전히 크세노폰에 대한 이야기를 하느라 분주했다.

"내가 《소아시아 원정기》를 읽다가 생각했는데 말이야, 우리는 국가에 공을 세우고 업적을 쌓아야 돼. 나도 크세노폰처럼 빛나는 인생을 살고 싶어졌어!"

세훈의 말을 듣고 처음엔 놀랍다는 표정을 짓던 명식이 이내 시답잖다는 듯 물었다.

"설마 군사 전문가라도 되겠다는 건 아니지?"

"왜? 그럼 안 돼?"

그때 수업종이 울렸고 두 사람은 다른 학생들과 함께 서둘러 자리로 돌아갔다. 그리고 오늘의 역사학자가 교실 안으로 걸어 들어왔다.

아테네인의 명성은 어디에서 온 것일까?

"안녕하세요, 플루타르코스입니다. 그리스의 역사학자이자 전기傳記 작가이기도 하죠."

세훈은 실망했다. 또 그리스 선생님이라니!

"선생님, 죄송하지만 한 가지 질문이 있어요. 세계적으로 유명한 역사학자는 대부분 그리스 사람인가요? 그리고 그리스에서 오신 선생님들은 수업 시간마다 아테네 이야기를 꼭 하시던데 아테네가 그리스 사람들에게 그렇게 중요한가요?"

세훈의 말에 플루타르코스는 웃으며 대답했다.

"아테네는 우리의 수도이자 절대 잊지 못할 수많은 사건들의 배경이 되는 곳이니까 중요할 수밖에요. 세계 어디에서도 아테네를 모르는 사람은 거의 없을 겁니다. 학생들에게 질문 하나 하죠. 아테네인의 명성은 전쟁에서 이겼기 때문에 얻은 걸까요? 아니면 그들의 지혜로움 덕분일까요?"

플루타르코스의 질문이 끝나기가 무섭게 맨 뒷줄에 앉아 있던 정현이 호기롭게 대답했다.

"아테네의 명성은 두말할 필요도 없이 올림픽 때문이죠! 세계 최고의 운동 시합인 올림픽의 발원지가 바로 아테네잖아요. 게다가 그 유명한 마라톤 경기가 당시 전쟁에서 시작되었다는 사실은 모든 사람들이 다 아는 상식이기도 하고요."

플루타르코스는 정현의 말에 고개를 갸우뚱하며 말했다.

"올림픽의 기원에 대해서는 부인하지 않겠습니다. 하지만 학생은 마라톤 전투에 대해 의심을 가져본 적이 있습니까?"

이번엔 세훈이 잘 이해되지 않는다는 얼굴로 물었다.

"의심이요? 그게 무슨 뜻인가요? 설마 그리스 역사에 마라톤 전투가 아예 없었다는 뜻은 아니겠죠?"

"그런 뜻이 아닙니다. 혹시 여러분이 그동안 들어왔던 마라톤 전투가 너무 아름답기만 하지는 않았나요? 마치 고전 명작처럼 말입니다."

이 말에 세훈을 비롯한 다른 학생들은 점점 더 알 수 없다는 표정이 되어갔고 반응을 본 플루타르코스의 입가에는 미소가 피어올랐다.

"오늘 여러분이 보고 듣는 내용은 지금까지와는 완전히 다를 겁니다. 심지어 전혀 들어본 적 없는 새로운 관점이 될 겁니다. 이왕 마라톤 전투 얘기가 나왔으니 그 이야기부터 시작하죠."

플루타르코스는 잠시 뜸을 들이다가 말을 이었다.

"이미 여러분 모두가 알고 있듯이, 마라톤 전투는 당시 한 병사가 폭염 속에서 갑옷과 투구를 쓴 채 위험을 무릅쓰고 전장에서부터 쉬지 않고 42.195킬로미터를 달린 것으로 유명해졌습니다. 그는 아테네에 도착한 직후 큰 소리로 외쳤죠. '기뻐하라, 우리가 승리했다!' 그리고 죽었습니다. 맞습니까?"

학생들은 각자 고개를 끄덕였다.

"전투에 참가했던 사람이 직접 달려와 소식을 전했던 거죠. 혹시 이런 생각을 해본 적 있습니까? 만약 양몰이꾼이나 혹은 높은 지대에서 그 전투를 목격한 사람이 아테네까지 달려와 소식을 전했다면 어땠을까요? 멀쩡한 몸으로 그저 소식만 전했을 뿐인데 그토록 유명해진 거라면 그 사람을 너무 뻔뻔하다고 생각하지는 않을까요? 투키디데스가 쓴 책을 살펴보면 이러한 승전보를 전하는 심부름꾼이 실제로 존재했다는 사실을 알 수 있습니다. 스파르타인들은 이 심부름꾼의 삯으로 공동의 소유물 중에서 고작 고기 한 덩이를 떼어주는 게 전부였죠!"

"설마, 그럼 선생님 말씀은……."

세훈이 믿을 수 없다는 표정을 지으며 말했다.

"짐작한 대로입니다. 나는 역사책을 쓰는 사람들 역시 위대한 승전보를 전하는 심부름꾼과 다를 바가 없다고 생각합니다. 단지 뛰어난 문학적 재능을 가졌기에 생생하고 아름다운 문장을 남길 수 있는 겁니다. 아무튼 이런 역사학자들 덕분에 오늘날 유쾌한 이야기를 나눌 수 있게 되었으니 그 공은 최초의 기록을 남긴 사람에게 돌려야겠네요. 다만 여기서 확실히 짚고 넘어가야 할 점이 있습니다. 성공한 영웅들이 있었기에 사람들은 이를 기록한 작가의 이름을 기억하며 그들의 작품을 읽는다는 사실입니다. 앞선 행위들이 존재했기에 그들의 언어가 가치 있는 읽을거리로 탄생했다는 사실입니다."

플루타르코스의 말을 듣고 학생들은 하나같이 얼떨떨한 표정을 하고 있었다. 마라톤 전투에 대해 이렇게 상식을 깨고 분석할 줄은 정말로 상상도 하지 못했기 때문이다.

"여러분은 모를 텐데, 사실 서사시를 창작하거나 시가를 읊었던 유명인 중에 아테네인은 없었습니다. 희극도 마찬가지입니다. 아테네인들은 희극의 창작이란 존엄성을 훼손하는 일이며 천박하다 여겼죠. 심지어 당시 아테네에서는 법령을 반포하여 원로원의 그 어떤 구성원도 희극을 쓰지 못하도록 엄격히 단속했습니다. 희극은 아티카에서 발전했고, 아테네는 이런 상황 속에서 자연히 비극이 장족의 발전을 이루었죠. 사람들의 칭송을 받으며 당시 아테네 사람들의 가장 큰 오락거리가 되었습니다.”

학생들의 놀란 얼굴을 보고 플루타르코스는 마음속으로 일종의 성취감을 느끼며 말을 이어갔다.

“아테네의 비극은 줄거리 안에 신화적 색채를 첨가했으며, 극중 등장인물이 맞닥뜨리는 길흉화복에 대해 일종의 비현실적인 느낌이 들도록 속임수 같은 효과를 주었다는 특징이 있습니다. 고대 그리스의 철학자 고르기아스는 이런 속임수에 대해 다음과 같은 평가를 했습니다. ‘남을 속이는 사람은 속이지 않는 사람보다 훨씬 성실하다. 속는 사람은 속지 않는 사람보다 훨씬 똑똑하다.’ 남을 속이는 사람이 더 성실한 까닭은 그가 어찌 됐든 하고자 하는 일을 해냈기 때문입니다. 그런데 속는 사람이 더 똑똑한 까닭은 아름다움에 반응했기 때문입니다. 교묘한 말과 글에 미혹된 것이니까요. 혹시 여러분 중에 이소크라테스^{Isocrates}를 아는 사람이 있습니까?”

세영이 번쩍 손을 들었다.

“네! 고대 그리스 후기의 유명한 교육자죠. 지식파의 교육 전통을 물려받았고, 주로 수사학이나 웅변술을 가르쳐 연설가를 길러내는 일을 자신의 소임으로 여겼다고 알고 있습니다.”

서영이 대답하자 플루타르코스는 놀랍다는 표정으로 말했다.

“그리스의 역사 인물에 대해 자세히 알고 있는 학생이 있을 줄은 몰랐네요. 이소크라테스는 장장 12년이라는 시간 동안《찬사》라는 작품을 썼습니다. 끊임없이 전쟁이 일어나던 시기였죠. 하지만 이소크라테스는 그 어떤 전투에도 참가하지 않았으며 그 어떤 명령도 받아들이지 않았습니다. 물론 도시를 세우지도 않았고 함대의 사령관으로 파견되지도 않았죠. 전쟁이 계속되자 이소크라테스는 집 안에 틀어박혀 책을 쓰기 시작했습니다. 아테네가 모든 도시를 해방시킨 뒤 그리스에 자신들과 똑같은 시민권을 주었을 때에도 이소크라테스는 여전히 집 안에서 책을 쓰고 있었습니다. 여러분, 아테네가 왜 이름을 널리 알리게 되었는지 이제 아시겠죠?"

서로 다른 전기

"그렇다면 선생님의 말씀은 아테네의 명성이 전쟁에서 승리했기 때문이라기보다는 역사학자들의 지혜 덕분이라는 뜻인가요? 결국 역사학자들이 아테네의 많은 부분을 미화했다는 거네요."

세훈은 도통 믿을 수 없다는 얼굴로 물었다.

"거의 맞습니다."

플루타르코스는 세훈에게 살짝 웃어 보이며 대답했다.

"혹시 크세노폰 선생님을 아시나요? 선생님께서 보시기에《소아시아 원정기》는 어떤가요?"

"크세노폰은《소아시아 원정기》에 자신이 세운 혁혁한 공로를 기록했습니다. 그런데 크세노폰은 자신의 이야기를 3인칭으로 적었죠. 그가 3인칭을 사용한 까닭은 작자의 명예로움을 다른 이에게 투영시켜 독자들로 하여금 책의 내용이 객관적이고 진실되고 믿을 만하다는 인상을 주기 위해서였습니다. 당시 많은 역사학자들이 그랬죠. 이들은 마치 연극배우처럼 왕이나 장군의 역사적 행위를 다른 사람들에게 보여주면서 자신 역시 그 '기록의 역할' 속으로 녹아들었던 겁니다."

"선생님, 왜 그래야 했을까요?"

세훈이 궁금한 것을 물었다.

"이유는 간단합니다. 그래야만 위인들의 빛나는 명성을 공유할 수 있다고 생각했기 때문이죠. 자신의 글을 매개로 위인들의 다양한 역사적 행위를 독자들에게 보여주려 했던 겁니다. 위인들의 활약을 다룸으로써 그 글을 쓴 자신 역시 어느 정도는 덕을 볼 수 있었으니까요."

이번에는 플루타르코스가 화제를 약간 바꾸었다.

"나도 역사학자이긴 하지만, 앞서 말한 문인들과는 좀 다르다는 사실을 미리 밝혀두겠습니다. 오늘 내가 강의를 하는 이유도 바로 그 때문입니다. 혹시 여러분 중에 《영웅전》을 알고 있는 학생이 있습니까?"

플루타르코스의 질문에 서영이 즉시 대답했다.

"알아요. 선생님께서 쓰신 대작이잖아요!"

서영의 말에 플루타르코스는 고개를 끄덕이더니 다시 진지한 표정으로 말을 이어갔다.

"나는 황제든 평민이든 사람은 누구나 도덕을 기준으로 삼아야 한다고 생각합니다. 어떤 상황에서도 이성을 통해 절제할 줄 알아야 하며 사람의 도리에 부합하고 지나치거나 모자람 없이 자신을 다스릴 줄 알아야 합니다. 또한 부귀영화를 욕심내지 않으며 허영을 부리지도 말아야겠죠. 내가 쓴 고대 로마 위인들의 일대기는 그 역사가 주요 내용이 아니라 위인들에 대한 정확한 도덕적인 평가를 내리는 것을 주된 내용으로 삼고 있습니다.”

“선생님, 구체적으로 어떤 부분이었는지 말씀해주세요.”

역사가가 역사를 주되게 다루기보다 도덕과 윤리를 다루었다는 데 흥미가 생긴 세훈이 물었다.

“여러분도 알렉산더 대왕이라면 모두들 잘 알고 있겠죠? 나는 그의 전기를 썼습니다. 하지만 그 전기의 머리말에서도 언급했듯이, 알렉산더 대왕이 역사에 길이 남을 수많은 업적을 남겼다는 그 사실이 결코 그의 도덕성을 말해주지는 않습니다. 전쟁을 주도하거나 도시를 방어하거나 혹은 대규모 진지를 통솔하는 모습을 통해서는 그의 성격을 알 수 없죠. 오히려 이와 반대로 그의 사소한 말과 행동 하나하나가 평소 성격을 잘 드러내죠. 그래서 전쟁에 관한 일이라면 다른 사람들이 쓰도록 내버려두고, 나는 오로지 전기 주인공들의 심리적 특징들을 기록했습니다. 알렉산더 대왕뿐만 아니라 모든 영웅이나 위대한 주인공들에 대해 이러한 시선을 적용했죠.”

플루타르코스는 자신의 역사관에 굉장한 자긍심이 있어 보였다.

“또한 서술과 논평을 함께 곁들이는 방식으로 책을 썼습니다. 어떤 일에 대한 서술이 끝나고 나면 윤리 사상과 관련된 이야기를 끌어내곤 했죠. 예를 들어 ‘솔론Solon전傳’을 보면 솔론이 탈레스에게 왜 결혼해서 아이를 갖지 않느냐고 묻자 장차 가족을 잃는 슬픔을 견딜 자신이 없다고 대답하는 일화가 있습니다. 저는 이 부분을 서술한 다음 특별히 긴 의견을 덧붙였습니다.”

그때 서영이 갑자기 끼어들어 말했다.

“그 부분은 제가 알고 있어요. 이렇게 쓰셨죠. ‘잃을까 두려워 필요한 것을 갖지 않는다면, 이는 이치에도 맞지 않으며 어리석은 일이다. 같은 맥락으로 명예나 재산이나 지혜를 가져도 그것을 잃을까 두려워 만족하지 못한다. 세상에서 가장 보배롭고 사랑스러운 재산인 도덕도 질병이나 다른 이유로 인해 분명 사라질 수 있다. 설령 탈레스가 자기 선택으로 결혼을 하지 않았다 해도 친지나 친구 그리고 조국을 버린다면 모를까, 완전히 자신의 근심으로부터 자유로울 수는 없다. 이성을 단련시킨 적이 없어 운명이 가져오는 충격을 견딜 수 없는 사람이 고통과 공포를 느끼는 까닭은 사랑하는 마음 때문이 아니라 바로 나약함 때문이다. 이런 사람은 결국 자신이 원하는 바를 얻게 되어도 그 기쁨을 누릴 수 없고, 장래에 그것을 잃을까 두려워 마음속 가득한 감정에 몸부림친다. 재산을 잃을까 두려워 가난하게 살고, 친구를 잃을까 두려워 혼자 지내며, 자식을 잃을까 두려워 자식을 낳지 않는다면 이는 말도 안 되는 일이다. 우리는 오직 이성으로 모든 불행에 대처해야만 한다.' 맞나요, 선생님?”

플루타르코스는 서영의 말에 다시 한 번 놀라워했다.

플루타르코스, 도덕성의 발전을 위한 역사를 말하다

세훈이 작은 소리로 속닥거렸다.

“역사 수업이 점점 더 재미있어지는데? 각자 다른 시선에서 역사를 해석하고 있어. 헤로도토스 선생님은 제도적 관점에서, 크세노폰 선생님은 군사적 관점에서, 폴리비오스 선생님은 규율의 관점에서, 그리고 지금 플루타르코스 선생님은 도덕적 관점에서 말이지. 설마 이렇게 각각 연구하기로

미리 논의라도 한 건가?"

혼잣말이었지만 교단에 서 있던 플루타르코스는 세훈의 이야기를 듣고 말했다.

"방금 세훈 학생이 우리 그리스의 역사학자들은 저마다 다른 방면에서 역사를 연구하고 분석하는 게 아닌가 했는데, 분명 맞는 말입니다. 우리가 서로 논의를 한 적은 없지만 이렇게 다른 강의를 한다는 사실은 역사의 한 측면을 보여주는 것이기도 하죠. 역사는 다방면에 걸쳐 있기에 어떤 이는 역사를 '만화경'이라 표현합니다. 어떤 각도에서 보더라도 아름다운 화면을 볼 수 있으니까요. 그 각각의 화면들이 바로 역사의 다채로움이자 가치이며 더 나아가서는 역사가 존재하는 의의라고 볼 수 있습니다."

"그럼 선생님께서는 역사라는 만화경에 어떤 부분을 기록하셨나요?"

세훈이 질문했다.

"나는 도덕적인 면을 다루었습니다. 아까도 여러분에게 말했듯이《영웅전》의 목적은 결코 주인공들이 얼마나 명예롭게 빛나는 인생을 살았는지를 보여주기 위해서가 아니라, 그들의 도덕적 성품을 보여주기 위해서였습니다."

플루타르코스의 대답에 갑자기 세훈이 황당하다는 듯 말했다.

"선생님, 요즘 세상은 다들 효율, 돈, 지위, 이런 것들을 다루느라 바빠요. 도덕은 다른 과목을 통해서 충분히 배웠어요. 역사에서까지 도덕을 다룬다는 건 시간 낭비예요."

세훈의 말에 순간 플루타르코스의 표정이 굳게 변했다.

"도덕은 어린아이한테나 들려주는 '착한 사람 이야기'가 아닙니다. 지금

도덕 강의는 여러분 자신의 도덕성을 끌어올릴 수 있는 방법에 대해 다룰 겁니다. 먼저 학생에게 질문을 하나 하죠. 반드시 사실대로 대답해야 합니다. 학생이 가장 중요하게 생각하는 것은 무엇인가요?”

세훈은 머뭇거림 없이 곧장 대답했다.

“당연히 돈이죠! 좀 더 좋게 말하자면 이익이겠죠. 선생님도 들어보셨는지는 모르겠지만 이런 말이 있어요. ‘돈이 있다고 다 되는 건 아니다. 하지만 돈이 없다면 아무것도 안 된다!’ 그런데 어떻게 돈이 중요하지 않을 수 있겠어요?”

“그럼 학생 마음속에 돈이 가장 중요한 위치를 차지하고 있습니까?”

“물론이죠!”

그러자 플루타르코스는 조금 멸시하는 투로 대답했다.

“학생이 그동안 ‘까칠남’이라 불렸던 이유가 바로 그겁니다. 학급의 도덕성을 지금 ‘까칠하게’ 만들어버렸으니까요.”

세훈이 뭐라 반박하기도 전에 플루타르코스는 학생들을 향해 말했다.

“세훈 학생이 이런 사고를 갖고 있기 때문에 자신과 타인을 비교하며 스스로 만족하지 못하는 심리가 생기는 겁니다. 만약 여러분이 도덕적 품성을 외부의 이익보다 우선으로 생각한다면 질투 같은 감정은 순식간에 깨끗이 사라질 테고 동시에 마음속 깊이 자리 잡았던 괴로움과 실망도 몰아낼 수 있을 겁니다. 일단 이런 상태만 되어도 엄청난 발전이죠.”

역사와 도덕성

"도덕성에 보탬이 된다면 무엇이 되었든 그 대상을 유념해서 살펴보아야 합니다. 다시 말해 우리의 일상생활 속에서도 늘 이런 부분을 고려해야한다는 뜻이죠. 일단 말로써 자신을 높일 수 있는지부터 생각해볼까요? 평소 다른 사람을 이기려는 마음에 당장 눈앞의 명예와 이익을 얻으려 함부로 말을 내뱉지는 않습니까? 자신만의 논점으로 무장하고 마치 글러브를낀 권투 선수처럼 타인과의 논쟁에 사용해서는 안 됩니다. 상대방을 때려눕혔다고 해서 그것을 자신의 승리라고 여겨서는 더더욱 안 되겠죠. 사람은 말과 행동이 도리에 맞아야 하며, 너그럽고 포용력이 있어야 합니다. 또한 평온하고 온화한 태도로 다른 사람과 토론할 줄 알아야 하며, 이겼다고해서 의기양양해지거나 졌다고 해서 화를 내서도 안 됩니다. 이런 것들이바로 진일보한 도덕성입니다."

세훈은 플루타르코스가 은연중에 자신을 빗대어 말하고 있다는 걸 짐작했다. 그때 역사학자가 세훈을 바라보며 말했다.

"세훈 학생이 평소 군사라든가 총칼 같은 무기에 흥미가 있다고 들었습니다. 아마도 먼 훗날 역사책에 나오는 제왕처럼 권력을 쥐고 천하를 지배하길 원하겠죠. 당연한 일입니다. 어린 시절 한 번쯤은 그런 꿈을 꾸기 마련이니까요. 하지만 '물은 배를 띄울 수도 있지만 배를 뒤집을 수도 있다'는중국 격언을 기억하기 바랍니다. 동서양을 막론하고 수많은 왕조가 있었습니다. 그중에 과연 기존의 왕조를 전복시키지 않고 세워진 왕조가 있었습니까? 기존의 왕조는 왜 무너졌습니까? 백성들이 왕의 폭정을 견디지 못했기 때문입니다. 그럼 왕의 폭정은 왜 생겨났을까요? 정권을 잡은 뒤 자기 이익만을 위해 멋대로 행동했기 때문이죠. 대부분의 경우 왕의 말 한마디에 세상이 뒤집어졌고 백성들은 고통받았습니다. 만약 왕이 도덕성을 눈앞의 이익보다 우선시했다면, 지금 여러분이 그들을 '폭군'이라 부르진 않을 겁니다."

플루타르코스는 잠시 멈추었다가 다시 이야기를 계속했다.

"대화에서 세훈 학생의 태도는 매우 불량했습니다. 줄곧 자신이 옳다는 사실을 증명하기 위해 말로써 이기려 했죠. 물론 학생이 전부 틀렸다는 건 아닙니다. 하지만 언제나 그렇게 상대방의 꼬투리를 잡으려는 태도로는 역사가가 하는 말 속에서 자신의 도덕성에 보탬이 될 만한 요소를 찾아낼 수 없을 겁니다. 당연히 학생의 도덕성은 향상될 리 없겠죠."

바로 그때 수업이 끝났음을 알리는 종소리가 울렸다. 그러나 플루타르코스는 미처 할 말을 끝마치지 못한 듯했다.

"미안합니다. 딱 1분만 더 하겠습니다. 바라건대 나중에 여러분을 다시 만나 모든 학생들과 일대일로 토론하고 논쟁하고 싶군요. 역사든 철학이든 무엇이든 환영합니다. 여러분 모두가 너그럽고 포용력 있는 마음가짐으로 토론을 통해 자신에게 보탬이 될 만한 무언가를 얻어갈 수 있길 바랍니다. 꼬투리를 잡아서 상대를 이기려는 생각은 그렇게 좋지 않아요. 자신의 도덕성 향상이 무엇보다 가장 중요하기 때문입니다. 오늘 수업은 여기서 마치겠습니다!"

플루타르코스의 모습이 눈앞에서 사라졌다. 그런데 교실 위쪽에서 여전히 그의 목소리가 울려 퍼지고 있었다.

"세훈 학생, 고대 왕조가 어떻게 멸망했는지 잘 생각해보십시오!"

　세훈은 홀린 듯 자리에서 벌떡 일어나 소리의 진원지를 샅샅이 찾아 헤맸다. 그러나 플루타르코스의 그림자조차 보이지 않았다. 의자에 털썩 주저앉으며 세훈은 마음속으로 생각했다.

　'이번에도 졌나? 아냐, 아닐 거야. 집에 가면 당장《영웅전》을 사서 도대체 뭐라고 쓰여 있는지 읽어봐야겠어!'

아우구스티누스 선생님, 서양사에서 기독교는 왜 중요한가요?

▶▶ 아우구스티누스가 대답해주는 '신학' 이야기

왜 서양사를 알기 위해서는 기독교를 이해해야 할까요?

기독교는 서양의 종교예요. 종교는 곧 역사를 이해하는 한 요소가 된다고 생각해요.

기독교가 서양에서 절대적이던 시대가 길었기 때문에 그 시대를 이해하려면 기독교에 대해서도 이해해야 해요.

서양 역사의 향방을 결정한 많은 사건들이 기독교의 사상과 연관되어 있기 때문이라고 생각해요.

▶▶ 생각해보기 ◀◀

서양에서 기독교는 역사를 바라보는 관점에
어떤 영향을 미친 걸까?

등교 시간이 다가오는데 서영은 연신 거울을 들여다보고 또 들여다보고 있었다. 자고 일어나 브니 얼굴에 여드름이 잔뜩 솟아나 있었다. 짜증이 나 있는 서영 곁으로 엄마가 성큼성큼 다가왔다.

"엄마, 이것 좀 봐. 얼굴이 여드름투성이야! 어제 뭐 잘못 먹었나? 창피해서 어떻게 학교에 가?"

"괜찮아, 빨리 가! 안 그럼 지각이야!"

엄마의 채근에 서영은 마지못해 집을 나섰다. 교실에 도착해 자리에 앉자 채원이 서영을 보고 깜짝 놀란 표정을 지었다.

"아무 말도 하지 마. 이미 속상하니까!"

서영의 말에 채원이 억지로 웃으며 대답했다.

"괜찮아, 그냥 여드름 몇 개 난 건데. 뭐, 어때."

바로 그때 수업종이 울렸고 한 사람이 교실로 걸어 들어왔다.

'아름다움'의 기준은 무엇일까?

"여러분, 안녕하세요. 아우구스티누스라고 합니다. 로마 제국의 기독교

사상가죠. 오늘 역사 수업은 내가 맡았습니다. 기독교가 뭔지는 모두들 알고 있겠죠?"

"당연하죠. 세계 3대 종교 중 하나잖아요. 누가 기독교를 모르겠어요."

"맞긴 합니다만 대답이 너무 간단하네요. 거기 서영 학생, 듣자하니 학생이 서양사에 대해 많이 알고 있다던데 기독교에 대해 간단히 소개해줄 수 있겠습니까?"

서영은 오늘 여드름 때문에 아무 말도 하고 싶지 않았지만 선생님의 질문을 받았으니 어쩔 도리가 없었다.

"《성경》을 믿는 기독교는 인간에게 원죄가 있다고 주장하며 예수를 신의 아들이라 믿죠. 십자가에 못 박힌 예수가 인간의 죄를 씻어준다 여기고요. 현재 지구상에는 약 15억에서 21억 명의 기독교 신자가 있을 거라 추산돼요. 초기에는 그저 하나의 교회일 뿐이었지만 역사의 발전과 함께 천주교, 로마 가톨릭교, 동방 정교회, 개신교 등 여러 분파로 갈라지게 되었죠."

서영의 대답을 듣고 아우구스티누스는 박수를 치며 말했다.

"정말 구체적으로 잘 말해주었습니다. 하지만 다음번에는 그렇게 화난 것 같은 목소리로 대답하지 않으면 좋겠군요. 여러분, 서영 학생 얼굴에 난 여드름 좀 보세요."

순간 모든 학생들의 시선은 서영에게 쏠렸다. 아우구스티누스의 말에 창피해진 서영은 화가 치밀어 올라 자신도 모르게 "정말 짜증나!"라고 내뱉었다. 그런데 아우구스티누스는 도리어 웃으며 서영을 향해 물었다.

"학생은 본인이 예쁘다고 생각하나요?"

서영은 당황했지만 평소 생각하던 대로 말했다.

"물론이죠. 하지만 오늘은……. 그런데 선생님, 왜 자꾸 사람들 앞에서 제 여드름 얘기를 하시는 거예요!"

서영은 또다시 화를 참지 못하고 신경질을 냈다. 아우구스티누스는 예상했다는 듯 웃으며 말했다.

"이런 반응이 나올 줄 알고 있었습니다. 오늘 여러분에게 강의할 첫 번째 주제이기도 하죠. 바로 아름다움과 추함의 구별입니다. 먼저 서영 학생에게 질문을 하나 하겠습니다. 학생이 생각하는 아름다움이란 무엇입니까?"

"아름다움이란 당연히 예쁜 거죠. 특히 여자라면 큰 눈과 오뚝한 코, 갸름한 얼굴, 앵두 같은 입술, 게다가 몸매까지 좋다면 완벽하고요!"

"그렇다면 오늘 수업은 서영 학생에게 아주 큰 의미가 있겠네요."

아우구스티누스는 몸을 돌려 학생들을 바라보며 말했다.

"나는 아름다움에 등급이 있다고 생각합니다. 가장 높은 등급은 바로 하나님이죠. 물론 무신론자라면 이 얘기가 허튼소리로 들리겠지만요. 하나님을 제외하고 두 번째 등급은 도덕적 아름다움입니다. 학생이 연연하는 외모나 신체의 아름다움은 가장 낮은 등급, 혹은 그저 상대적인 아름다움이라고 말할 수 있습니다. 이런 낮은 등급에 속하는 외형 자체의 아름다움은 가치가 별로 없다고 봅니다. 단지 무한하고 절대적인 아름다움으로 통하는 일종의 계단과도 같은 거죠. 아름다움의 진정한 구현은 '조화'입니다."

아우구스티누스의 말이 끝나기 무섭게 서영이 바로 반박했다.

"외형의 아름다움이 왜 아무 쓸모가 없나요? 외모가 아름다운 여성이 한 번이라도 더 많은 관심을 받잖아요!"

"예쁜 얼굴은 분명 그런 가치와 효과가 있죠. 예쁜 얼굴로 거리를 활보할 때 주목받는다는 사실을 부정하지는 않겠습니다. 하지만 그런 관심이 무슨 쓸모가 있습니까? 만약 서영 학생의 미래 남편이 잘생긴 얼굴만 믿고 아무런 능력도 없는 데다가 집에서 뒹굴거리며 자신을 먹여 살려주길 바란다면 어떨까요? 그래도 과연 그 얼굴 때문에 기쁠까요?"

서영은 순간 말문이 막혀버렸다.

"아름다움에는 여러 종류가 있습니다. 사물의 아름다움, 영혼의 아름다움, 감성적인 아름다움, 외형적인 아름다움, 이성적인 아름다움 등 거론하자면 끝이 없겠죠. 그리고 신의 존재를 믿는 우리에게 이러한 아름다움은 모두가 위대한 하나님의 창조물입니다. 만약 아름다움을 서로 비교한다면, 나는 정신적 아름다움이 물질의 아름다움을 넘어선다고 생각합니다. 물질적인 아름다움은 그저 상대적이며 순간적일 뿐입니다. 오로지 하나님만이 진정으로 가장 높은 곳에 이르는 아름다움이라 할 수 있으며, 하나님이 바로 '아름다움' 자체죠. 그러나 하나님의 아름다움은 사람을 미혹시키는 형태도 없고, 선율이나 색채, 향기도 없습니다. 오로지 영혼으로만 체험하고 목격할 수 있죠. 비록 여러분이 하나님의 존재를 믿지 않더라도 순결한 영혼만 가지고 있다면 영원한 아름다움을 느낄 수 있으며, 희열을 느낄 수 있죠. 물론 육안이 아니라 영혼으로요."

그때 서영이 갑자기 손을 들더니 물었다.

"그렇다면 선생님의 말씀은 물질적 아름다움이 아무런 가치도 없다는 뜻인가요?"

"그건 아닙니다. 물질적 아름다움도 자신만의 가치가 있죠. 눈에 보이는 물질적 아름다움은 이미지가 될 수 있습니다. 기독교인의 눈에는 물질적 아름다움과 정신적 아름다움이 서로 연관되어 있습니다. 즉 물질적 아름다움은 정신적 아름다움의 이미지로 발현되죠. 자연미를 갖고 있는 모든 사물은 하나님의 신성함과 신앙의 기적을 찬미한다고 봅니다. 즉 도덕적 아름다움이야말로 삶에서 가장 중요합니다. 모든 사람이 저마다 훌륭한 인품을 가지고 있다면 서로 존경하고 도우며 평화롭고 즐거울 뿐만 아니라 결국엔 그 나라, 더 나아가 온 세계가 조화롭게 변하지 않겠습니까? 이것이 비로소 진정한 아름다움입니다!"

"그렇다면 추함은 어떻게 정의 내릴 수 있죠?"

서영이 추궁하듯 아우구스티누스에게 물었다.

"한마디로 정의하자면 아름다움은 절대적이며, 추함은 상대적입니다. 이 세상에 추함은 반드시 존재합니다. 세상에 완벽한 조화는 없으니까요. 이는 현실 속에서 완벽한 것은 없다는 뜻이기도 합니다. 물론 추함 역시 실제로 보거나 만질 수는 없습니다. 어떤 사물의 결존을 의미할 뿐이죠. 그것은 조화로운 아름다움과는 정반대로 사물의 결함이라는 형태로 나타납니다. '아름다움'과 '추함' 사이에 결코 엄격한 경계란 없습니다. 아름다움이 존재하지 않는다면 추함이란 드러나지 않을 테니까요. 같은 이치로 추함이 없다면 아름다움 역시 발현되지 못합니다. 이 두 가지는 서로 공존하며 그 중 어느 하나라도 없어서는 안 됩니다."

상세히 설명을 마친 아우구스티누스는 다시 서영을 바라보며 물었다.

"서영 학생, 이제 가장 높은 단계의 진정한 아름다움이 무엇인지 알겠습니까? 물론 여학생의 입장에서 외모란 영원불변의 관심사이기는 합니다. 오늘 학생의 얼굴에 돋아난 여드름 때문에 기분이 좋지 않다는 사실도 알고 있습니다. 하지만 내가 아까 그렇게 말했던 이유는 본인의 인품이 올바르고 영혼이 아름답다면 온몸이 여드름으로 뒤덮인다 한들, 친구들은 똑같이 학생을 좋아하리라는 사실을 말해주고 싶어서였습니다. 만약 그와 반대라면, 천하제일의 미인이라도 거들떠보지 않겠죠."

하나님의 법칙과 질서의 세계

아우구스티누스의 말에 서영은 몹시 창피했지만 이내 밝은 목소리로 질문했다.

"선생님, 어리석은 질문일 수도 있겠는데요. 여드름이 아름다움에 방해가 되지 않는다면 왜 많은 여성들이 감추려고 화장품을 사용하는 걸까요?"

그러자 옆에 있던 채원이 웃으면서 서영을 잡아당겼다.

"남자애들은 어떻게 생각할지 모르겠지만 같은 여자끼리는 절대 네 얼굴을 보고 뭐라 하지 않아. 그러니까 우리 앞에서는 그럴 필요 없어."

"그런가? 내가 신을 믿지는 않지만 정말로 신이 존재한다면 너처럼 좋은 친구를 주셨다는 사실에 감사드려야겠어. 남자들 따위는 신경 쓰지 말고 우리 다 같이 똘똘 뭉치자고!"

두 학생의 말에 아우구스티누스가 웃으며 대답했다.

"서영 학생의 말이 맞습니다. 하나님은 분명 위대합니다. 하지만 여러분이 무슨 짓을 해도 용서해줄 분이라고 생각해서 이 세상을 무질서하게 만든다면 그것은 크나큰 착각입니다."

"그럼 하나님이 질서를 만들었다는 뜻인가요? 지구의 모든 질서는 인간이 스스로 만들어내지 않았나요?"

이번에는 세훈이 물었다. 아우구스티누스가 또 웃으며 대답했다.

"하나님이 만든 질서는 여러분이 상상하는 그런 것이 아닙니다."

"선생님, 좀 자세히 듣고 싶어요. 하나님이 만드신 질서라는 게 도대체 어떤 건지……."

세훈은 자신의 궁금증을 숨기지 않고 아우구스티누스에게 답변을 기다렸다.

"하나님이 창조한 질서는 우주에 존재하는 일체의 모든 존재이며, 그것들이 움직이는 기초이자 짜임새입니다. 예를 들어 우리 인간 역시 우주에 존재하는 사물 중 하나인데 인간에게도 필연적으로 이러한 질서가 존재합니다. 인간과 다른 만물을 비교했을 때 유일한 차이점은 바로 영혼입니다. 인간의 영혼은 육체보다 높은 곳에 있지만 하나님보다는 낮은 곳에 있습니다. 영혼은 육체의 지배자인 동시에 하나님에게 속한 존재이기도 합니다. 따라서 가장 높은 곳에 있는 하나님은 우주 만물과 영원불변한 법칙의 주관자죠. 이것이 하나님이 창조한 질서이며 영원히 변하지 않는 만물의 질서입니다. 만약 하나님을 한 명의 사람이라고 본다면, 이러한 영원의 법칙이 하나님의 이성이며 우주에 속한 모든 만물이 하나님의 이성을 통해 창조된 것입니다. 따라서 우주 만물이 이 법칙을 따를 때, 세계는 비로소 조화로운 상태를 유지하는 거죠. 내가 쓴 《신국론》에 이에 대해 구체적으로 서술했습니다. 만물의 평화는 대부분 질서의 평화에 있습니다. 질서의 평화란 평등하든 불평등하든 모든 사물이 각자의 위치에 놓여 있음을 뜻합니다."

이때 채원이 갑자기 질문을 했다.

"그럼 하나님이 창조한 만물이 어느 하나의 일정한 단계에 계속 놓여 있지 않다는 뜻인가요?"

"그렇습니다. 하나님이 창조한 만물 중에서 어떤 것은 본질적으로 다른 어떤 것보다 상위에 놓여 있습니다. 예를 들어 생물은 무생물보다 위에 있고, 영원은 찰나보다 위에 있으며, 영혼은 육체보다 위에 있습니다. 이것이 우주 그 자체에 존재하는 질서이며, 우리는 이를 자연의 질서라 부릅니다."

아우구스티누스, 인간의 원죄로 시작된 역사를 말하다

"만약 그 질서를 지키지 않으면요?"

세훈이 반골 기질을 드러내며 비판적으로 물었지만, 아우구스티누스는 여전히 웃음 띤 얼굴로 답했다.

"불가능합니다. 우주의 그 어떤 사물도 하나님의 법칙에서 벗어날 수는 없습니다."

"거꾸로 선생님께 여쭙고 싶은데요. 만약 그렇다면 하나님은 왜 케케묵고 부패한 질서나 제도, 이 땅에 존재하는 수많은 악인들, 불행, 참혹한 현실을 세상에 그냥 두신 거죠? 만약 제가 하나님이었다면 세상 모든 사람들이 마냥 즐겁고 평화로울 수 있도록 처음부터 이 세상을 조화로운 천당으로 만들었을 거예요."

세훈이 화가 난다는 듯 따져 묻자 아우구스티누스가 대답했다.

"사실 하나님이 태초에 창조한 모든 만물은 처음에는 선했습니다. 다시 말해 '악惡'이란 처음부터 존재하지 않았고 심지어 악마도 악하지 않았습니다. 그들이 악하게 된 이유는 선한 마음이 타락했기 때문입니다. 인간도 하나님이 태초에 창조했을 때에는 선한 존재였습니다."

"그렇다면 지금의 세상은 왜 복잡하고 비참한 건가요?"

서영이 이해할 수 없다는 목소리로 물었다.

"인간의 의지 때문입니다. 하나님은 인간의 이성 안에 자연법칙을 심어두었습니다. 그러나 인간의 의지가 때로는 하나님의 자연법칙을 따르길 원하지 않았던 거죠. 하나님은 모든 힘의 근원이지만 인간의 의지까지 통제할 순 없었습니다. 그래서 인간이 하나님의 법칙을 따르지 않기로 결정하면 악함이 생겨나게 됩니다. 이것이 바로 《성경》에서 말하는 타락입니다. 하나님은 천사와 인간에게 딱 한 번 선택의 자유를 주었습니다. 하나님은 그들이 성스러운 의지를 따르리라 생각했지만, 몇몇 천사와 인간들이 하나님을 배신하는 선택을 했죠. 그리고 선택한 순간 죄가 생겨난 겁니다. 세상의 '죄'는 하나님이 만든 법칙과 질서에 대한 배반을 의미합니다. 바로 이러한 죄가 인간의 사악함을 초래하였고, 그로 인해 인간은 신에게서 멀어졌습니다. 이것이 지금 여러분이 보는 세상입니다. 인간이 일단 죄를 지으면 신의 진실함과 선함을 행할 수 없게 됩니다. 죄의 근원은 인간의 '자기 사랑'이 '신에 대한 사랑'을 대체했기 때문이라고 봅니다. 그래서 기독교인은 인간이 태어나는 순간 죄가 있다고 여기는 것입니다."

원죄와 구원

"왜 그렇죠?"

서영은 기독교를 믿지 않지만, 채원은 반대로 선생님의 이야기에 흠뻑 빠져 있었다. 채원은 독실한 기독교인이었기에 앞으로 남은 수업 시간 동안 자신에게 도움이 될 만한 이야기를 더 듣고 싶었다. 아우구스티누스는 웃으며 대답했다.

"그 질문에 대답하기 위해서는 부득이하게 인간의 조상인 아담과 이브 이야기를 꺼내야겠네요. 두 사람의 이야기는 모두들 잘 알고 있겠죠?"

채원이 재빨리 대답했다.

"당연히 알죠. 처음 만들어진 남자와 여자잖아요. 에덴동산에서 잘 먹고 잘 살다가 결국 선악과를 몰래 먹고 쫓겨났죠."

아우구스티누스가 웃으면서 고개를 끄덕이고는 말했다.

"하나님이 태초에 창조한 아담은 완벽한 상태였습니다. 영혼뿐만 아니라 다른 모든 방면에서도요. 그래서 처음의 아담은 선량하고 찬란히 빛났으며 풍족하고 의로운 상태였습니다. 하나님은 아담의 의지를 도덕적으로 만들었고 그의 육체가 그 의지를 따르도록 했습니다. 아담의 의지는 신에게 순종하도록 되어 있었다는 뜻이죠."

"그런데 왜 하나님의 법칙을 어기고 선악과를 먹었나요?"

채원이 물었다.

"타락했기 때문입니다."

아우구스티누스가 간단하게 답하자 채원은 의문을 풀지 못했다는 표정으로 다시 질문했다.

"태초부터 은혜를 받고 있었는데 어떻게 타락할 수가 있나요?"

"아담의 타락은 자업자득이었습니다. 아담의 본성에는 변화의 가능성이 숨어 있었는데, 잘못된 선택을 한 겁니다. 그 잠재적 요소는 마음속 교만과 자신의 주인, 즉 신에게서 벗어나고자 했던 마음이었습니다. 아담과 아담의 후손들은 생물학적으로 연결되는 유기체이기 때문에 그 후로 타락의 본성은 후대까지 이어집니다. 조상이 타락의 본성을 갖고 있기 때문에 다음에 태어나는 사람들도 자연히 그 본성을 지니게 된 거죠. 오늘날 우리 모두는 아담의 본성을 전해 받았고 그 본성은 복잡다단한 나쁜 욕망과 행실로 나타나고 있습니다. 그래서 지금 우리 모두는 죄악 속에서 살고 있으며 이것이 바로 기독교에서 말하는 '원죄'의 유래입니다."

"선생님, 그래도 원죄가 무엇인지 아직 잘 모르겠어요!"

기독교의 논리를 이해하지 못하는 세훈이 답답하다는 듯 질문했다.

"종합해보자면 원죄는 신의 인도에서 벗어난 인간에게 있습니다. 구체적으로는 두 가지 방면으로 나타납니다. 하나는 교만이며, 다른 하나는 죄악에 빠진 타락이죠. 기독교에서는 원죄의 개념으로 본성을 해석하며 원죄를 통해 인간이 저지르는 죄악, 타락, 악행의 원인을 밝히기도 합니다."

자신의 설명이 부족하다고 느낀 아우구스티누스는 설명을 덧붙였다.

"인간에게 죄가 있다는 말은 범죄를 저지르고 타락하며 악한 행위를 저지르는 경향이 있음을 의미합니다. 사람의 마음속에는 저마다 그러한 요소가 자리 잡고 있기 때문에 가능한 상황만 주어진다면 의식 속에 내재된 타락과 죄악의 씨앗이 깨어나 움직이는 겁니다. 물론 시간이 흐르면서 원죄가 담고 있던 의미는 점차 변했고 더욱 풍부해졌습니다. 원죄의 또 다른 측면은 자유의지를 악하게 사용한다는 뜻입니다. 하나님은 인간에게 자유의지를 부여했고 인간은 선 또는 악을 선택할 능력이 있죠. 아담과 이브가 전형적인 예입니다. 그들은 자유의지를 잘못된 선택을 하는 데 사용했고, 그로 인해 신과의 관계가 소원해졌던 겁니다. 우리가 태어남과 동시에 따라오는 죄의 숙명, 그것이 바로 원죄입니다."

"선생님, 계속 원죄의 개념만 말씀하시는데요. 원죄를 없앨 수 있는 방법도 알려주세요!"

서영이 말했다.

"핵심은 속죄가 아닙니다. 자신의 부족함을 깨닫고 온전히 하나님의 은혜에 의지하는 게 중요합니다. 원죄를 없애려면……."

아우구스티누스는 잠시 눈을 감고 생각에 잠겼다.

"그것은 오직 하나님만이 할 수 있는 일입니다. 인간은 그저 새롭게 다시 태어날 뿐이며 하나님은 은혜를 주관하죠."

그리고 계속해서 말을 이어갔다.

"소위 말하는 '은혜'란 인간의 의지를 억지로 강요해 선을 행하라는 뜻이 아닙니다. 인간의 의지를 철저히 변화시켜 자발적으로 선함을 택하고 선한 행위를 하라는 의미입니다. 다시 말해 인간이 자신의 생명에 대한 권리를 하나님의 손에 맡긴 채 기꺼이 그 뜻을 받아들일 때, 인간 본연의 자유의지가 순결해지고 도덕적으로 변한다는 말입니다. 그래서 하나님의 은혜가 바로 인간의 모든 선함에 있어 근원이 되는 겁니다. 물론 이러한 은혜가 모두에게 돌아가지는 않습니다. 오직 하나님에게 선택된 사람만이 받을 수 있죠."

여기까지 말을 마친 아우구스티누스가 시계를 보자 수업 시간이 끝나기 딱 1분 전이었다. 그는 교탁을 정리하며 학생들을 향해 말했다.

"오늘 여러분은 아마도 역사 대신 기독교의 세계에 대한 수업을 들었다고 생각할지 모르겠습니다. 하나님으로 시작해 하나님으로 끝났으니까요. 하지만 서양의 역사에서 기독교가 얼마나 큰 부분을 차지하는지 여러분도 잘 알고 있으리라 생각합니다. 기독교의 역사와 사상이 곧 서양의 역사이자 사상입니다. 따라서 서양의 역사를 이해하고 싶다면 반드시 기독교의 역사와 사상 관념에 대해 이해해야 합니다."

바로 그때 종이 울렸고 아우구스티누스는 미소를 지으며 마지막 인사를 건넸다.

"여러분, 오늘 수업은 여기서 마치겠습니다. 나중에 다시 만날 기회가 있겠죠. 건강하게 잘 있어요!"

마키아벨리 선생님, 역사는
왜 군주를 중요하게 다루나요?

▶▶ 마키아벨리가 대답해주는 '피렌체사' 이야기

군주는 한 나라의 역사에
어떤 영향을 미칠까요?

강력한 군주가 있다면, 그 나라도 강할 거예요. 나라 안팎으로 강력한 통치력을 발휘할 테니까요.

군주의 영향력은 막대해요. 어떤 군주인지에 따라 그 나라가 발전할 수도, 퇴보할 수도 있어요. 심지어 군주가 잘못된 선택을 할 경우 나라가 멸망할 수도 있어요.

한 나라의 역사를 좌지우지하는 건 군주만이 아니라 그 나라를 이루는 모든 구성원이에요.

▶▶ 생각해보기 ◀◀

**나라의 역사에 중대한 영향을 미치는
통치자에게는 어떤 자질이 필요할까?**

서영은 오늘 수업을 무척 기대하며 기다리고 있었다. 칠판에 적힌 주제가 피렌체라는 도시에 대한 내용이었기 때문이다. 며칠 전 서영의 아빠는 이번 시험을 잘 보면 피렌체에 데리고 가준다며 약속했다. 서영이 기대로 가득 차 있을 때 시작종이 울렸고, 학생들은 전부 제자리로 돌아가 조용히 오늘의 선생님을 기다렸다.

제국은 어떻게 멸망하는 걸까?

경쾌한 발자국 소리와 함께 드디어 여덟 번째 역사학자가 학생들 앞에 나타났다. 겉모습은 젊어 보였지만 표정만큼은 그 어떤 선생님보다 엄숙했다.

"마키아벨리라고 합니다. 오늘은 피렌체의 역사에 대해 수업할 겁니다."

"정말 마키아벨리 선생님이신가요?"

깜짝 놀란 서영이 물었다.

"왜 그러죠? 나에 대해 알고 있나요?"

"물론이죠. 이탈리아의 역사학자이자 철학자이며 동시에 작가이기도 하시잖아요. 유명한 작품도 많이 쓰셨고 특히 군사 방면으로도 많은 업적을 남기셨으니까요! 선생님, 실은 제가 이번 여름방학에 여행을 가려고 이것저것 준비하는 중이에요. 피렌체에 가면 어디를 꼭 봐야 하는지 선생님께서 알려주셨으면 좋겠어요. 그럼 나중에 헤매지 않아도 되잖아요!"

서영이 기대에 찬 목소리로 말했다.

"그런 생각으로 오늘 수업을 듣는다면 실망할지도 모르겠습니다. 방금 학생의 말처럼 나는 역사학자이지, 여행 가이드가 아니니까요. 피렌체 사람이긴 하지만 오늘 이야기할 내용은 피렌체의 역사일 뿐입니다."

마키아벨리는 다시 전체 학생들을 향해 시선을 돌리며 물었다.

"혹시 여러분 중에 하나의 왕조가 어떻게 멸망하는지 설명해줄 사람이 있습니까?"

서영이 막 대답하려는 찰나 세훈의 목소리가 먼저 들려왔다.

"제가 말씀드릴게요. 중국 격언 가운데 '어떤 일이든 하루아침에 이루어지지 않는다'는 말이 있죠. 진나라를 예로 들자면, 단순히 겉으로는 농민들의 반란 때문에 멸망했다고 보이지만 실은 진나라가 세워진 초기부터 안팎으로 끊임없이 문제들이 존재하고 있었어요. 제 생각엔 외부의 전쟁이든 내부의 반란이든 그 모든 요인이 진나라의 멸망을 초래했다고 생각해요. 바꿔 말하자면 당시 진나라가 내부적으로 단단히 결속되어 있었다면 외부의 전쟁으로 통치 근간이 흔들릴 일도 없었을뿐더러 5천 년의 중국 역사에서 단지 15년만 존재하는 일은 최소한 없었겠죠."

"세훈 학생이 정말 적절하게 설명을 잘했습니다."

"선생님, 그건 이전 시간에 폴리비오스 선생님께서 하셨던 말이에요!"

서영이 볼멘소리로 내뱉었다.

"괜찮습니다. 자신이 도출해낸 결론이든 다른 사람이 한 말이든, 어쨌든 맞는 말이니까요. 오늘 자세히 들려줄 이야기도 바로 이 부분과 관련이 있습니다."

마키아벨리는 잠시 멈추었다가 다시 이야기를 이어갔다.

"지금 여기 앉아 있는 여러분 모두 로마 제국에 대해서는 알고 있으리라 생각합니다. 역사 교과서에 나와 있는 그대로, 고대 로마 제국 역대 황제들의 통치 중심은 전부 로마에 있었습니다. 하지만 시간이 지나면서 로마를 포기하고 수도를 콘스탄티노플로 옮겼죠. 바로 이 시기에 북쪽에서 이주한 사람들이 로마에 자리를 잡았고 로마 제국은 이로 인해 멸망했습니다."

"그게 무슨 뜻인가요, 선생님?"

세훈이 질문했다.

"아주 간단한 이치입니다. 황제가 동쪽 먼 곳에 있어 나라의 서쪽에서 어떤 일이 일어나는지 돌보지 않았다는 뜻이죠. 충성스럽고 용맹한 전사들이 흘린 피가 아깝게도 말입니다! 그 어디에도 견줄 수 없을 만큼 강대했던 로마 제국은 전사들의 피와 살로 세워졌다는 사실을 여러분이 알아야만 합니다! 그 뒤로 쇠락의 길을 걷게 된 로마 제국이 보여준 것은 관료들의 사라진 충성심, 그리고 황제의 우매함과 무능함이었죠. 제국은 결코 단 한 번의 침략으로 멸망하지 않습니다. 멸망은 여러 차례의 수탈을 겪은 결과입니다. 당시의 북방 민족 중에서 서로마 제국을 가장 먼저 침략한 것은 서고트족이었습니다. 서고트족은 많은 좌절과 실패를 겪었지만 결국엔 목적을 달성하고 로마를 약탈했죠. 뒤이어 반달족이 아프리카를 통치하기 시작했고, 알란족과 서고트족이 스페인을 차지했습니다. 또한 프랑크족이 갈리아를 점령하고 그 지명을 자신들 부족의 이름으로 정해버렸죠. 그 뒤로 제노 황제는 동로마의 콘스탄티노플을 통치했고, 그 외 지역도 서고트족, 동고트족, 반달족, 알란족, 프랑크족, 튀링겐족, 헤룰리족 등이 나눠 통치했죠. 이때는 롬바르디아족과 고트족, 튀링겐족이 이탈리아의 패권을 다투던 시기였습니다.”

“세상에! 유럽은 그야말로 뒤죽박죽 혼란스런 상황이었네요?”

세훈이 깜짝 놀라 말했다. 강의는 계속되었다.

“또한 이 시기에 교황의 세속적 권력은 한층 더 확대되고 있었습니다. 다시 말해 날로 쇠퇴하던 로마 제국이 무참히 짓밟히고 있는 사이, 교회의 세력은 빠르게 성장했던 거죠. 롬바르디아족이 이탈리아를 침략하기 전까지만 해도 상황은 달랐습니다. 당시 사람들은 각 나라의 왕에게 순종하는 것이 아니라 로마 제국의 황제에게 굴복해 신하를 자칭하며 통치를 받았고, 교황은 단지 그들의 행위 덕분에 존중받는 존재일 뿐이었습니다. 하지만 롬바르디아족이 이탈리아를 침략한 뒤로 상황은 완전히 바뀌었습니다. 교황은 그리스인들과 친교를 맺었을 뿐만 아니라 다른 한편으론 롬바르디아인들과도 상당히 가까이 지냈습니다. 이렇게 양쪽의 환심을 사면서 자신들의 세력을 계속해서 확대했던 겁니다.”

“그토록 충직한 로마인들이 교황의 세력이 커지는 것을 그냥 보고만 있었나요?”

세훈이 삐딱한 자세로 앉아 마키아벨리의 설명에 자꾸 끼어들었다.

“당연히 아니었죠. 로마인들은 교황의 전쟁에 반대하고 나섰습니다. 비록 과거에는 교황의 권위를 이용하여 황제의 압박에서 벗어났지만, 일단 그들이 로마 정부를 장악한 뒤에 자신들의 뜻대로 일을 처리하기 위해서는 교황과 적이 되어야만 했습니다."

"이런, 교황 노릇도 쉽지 않았겠네요. 이제 막 세력을 늘렸는데 이리 치이고 저리 치이게 되었으니 말이에요."

"세훈 학생, 지금 무슨 말을 하는 겁니까?"

마키아벨리가 일침을 날렸다.

"왜 그러세요, 선생님? 제가 뭘 잘못 말했나요?"

마키아벨리는 쉬지 않고 말했다.

"교황 노릇이 쉽지 않았겠다니, 그게 무슨 소리입니까! 로마 제국이 쇠락해가고 북방의 야만족들이 이탈리아 안에서 전쟁을 벌인 이유가 전부 다 그 교황 때문입니다! 교황이 바뀌어도 마찬가지였죠. 물론 가끔은 그들에게도 종교적 열정이 넘쳤다는 사실을 부정하지 않겠습니다. 하지만 대부분은 사심과 야심에 가득 차 있었습니다. 그들이 끊임없이 외부 세력을 끌어들이지 않았더라면 이탈리아가 그 지경이 되지는 않았을 겁니다. 왕을 등에 업고 자신들의 세력을 확대하면서도 그들은 동시에 왕을 질투했습니다. 당시의 교황들은 하나같이 쓸모없고 무능했기에 그 지역을 다스릴 능력이 전혀 없었습니다. 교황은 갖가지 수단과 방법을 이용해 자신들의 지위를 세습제로 바꿔놨습니다!"

마키아벨리의 격앙된 목소리가 한바탕 지나가자 학생들은 전부 말이 없어졌다. 교황에 대한 마키아벨리의 깊은 분노와 적개심을 같이 느끼고 있었다. 교단에 서 있던 마키아벨리는 자신의 목소리가 컸다는 사실을 이제야 인지했는지 잠시 말을 멈추고 평정을 되찾으려 애썼다. 그러고는 차분히 학생들을 향해 말했다.

"죄송합니다. 방금 너무 흥분했군요. 질문을 하나 하겠습니다. 여러분, 혹시 베네치아를 아십니까?"

말이 끝나기가 무섭게 서영이 손을 들고 대답했다.

"당연하죠. 세계에서 가장 유명한 수상 도시잖아요."

"그럼 학생이 베네치아의 역사에 대해 설명을 좀 해주겠습니까?"

잠시 당황하던 서영이 이내 자신 있는 목소리로 설명하기 시작했다.

"베네치아에 가장 먼저 정착한 건 아드리아해 북단에 있던 아퀼레이아의 사람들이었어요. 당시 훈족의 공격을 받아 갈 곳이 없어진 사람들이 베네치아만 부근 아무도 살지 않는 곳에 집을 짓고 피난 생활을 했었죠. 같은 이유로 이탈리아인들이 이 섬에 숨어들었고요. 피난민들은 척박했던 그곳을 번성한 도시로 일구었고 스스로 법률과 규정까지 만들었어요. 그래서 이탈리아가 혼란을 겪을 때에도 베네치아 사람들은 편안하고 안락한 생활을 누렸을 뿐만 아니라 시간이 흐르면서 그들의 힘과 명성은 점점 커지고 널리 알려지게 되었어요. 또한 그곳 사람들은 배를 몰고 연안에서부터 곳곳에 퍼져 있는 각 항구로 이동을 했기 때문에 베네치아는 그 뒤로 전 세계 화물의 집산지로 자리 잡았죠."

"아, 그런 거였구나! 왜 항상 배를 타고 다니나 했더니!"

채원이 말했다.

"맞습니다. 당시 베네치아 사람들의 명성은 그저 유명한 정도가 아니었습니다. 이탈리아의 각 지역에서 발생한 분쟁에 대해 베네치아 사람들에게 중재를 맡길 정도였으니까요. 연맹국 사이에 발생한 서로 다른 의견 역시 베네치아에서 잘잘못을 판정하기도 했습니다.”

“대단하네요. 만약 제가 베네치아 사람이었다면 주변에서 칭찬과 존경을 받으며 살았을 것 같네요.”

이번에도 세훈이었다.

“그건 학생의 허황된 생각일 뿐입니다. 사람들은 저마다 야심을 품고 있죠. 얼마 지나지 않아 베네치아 사람들 역시 자신의 세력을 확대시킬 방법을 모색합니다. 다른 나라에서도 베네치아가 그들에게 위협이 된다는 사실을 아주 잘 알고 있었죠. 그래서 반反베네치아 연합을 만들어 베네치아가 수년간 형성한 거액의 재산을 하루아침에 모조리 빼앗습니다. 비록 그중 일부를 나중에 다시 되찾긴 하지만 당시 베네치아에는 엄청난 손실이었죠. 게다가 당시의 도시국가들은 근본적으로 의지할 만한 힘을 갖추지 못했기에 공dukes들은 싸움에서 용병을 고용했습니다. 독일인이나 잉글랜드인, 그리고 이탈리아인들은 전부 군대에 복무했고요. 그들의 지휘는 교황이 보낸 사람들과 당시의 권력자들이 맡았습니다. 그 뒤로 이탈리아는 엄격한 규율과 용맹함을 겸비한 자신들만의 군대를 갖게 되었죠. 하지만 당시의 군대는 비교적 작은 세력의 왕과 공들이 장악하고 있었기에 영예보다는 돈을 위해 싸웠다고 봐야죠.”

이탈리아 도시국가들의 분쟁 원인

“피렌체는 여러 왕들의 통치를 받았던 곳이었습니다. 그러나 당시는 교회의 세력이 매우 강했기 때문에 독일에서 황제의 권력은 점차 약해졌고, 동시에 이탈리아 각지 역시 자치를 실시하면서 황제는 더 이상 존중받지 못했습니다. 하인리히 3세에 이르러 이탈리아는 두 파로 갈라졌습니다. 한쪽은 황제를 지지했고 다른 한쪽은 교회를 지지했죠. 1215년까지 피렌체는 여전히 통일된 상태를 유지했지만 파벌 싸움에 휘말리기도 합니다. 그러나 곧 교회의 지지를 받으며 양쪽은 다시 화해를 한 뒤 정부를 재조직하고, 공동 감옥을 만듭니다. 이로 인해 피렌체의 경제는 크게 발전하고 역사상 가장 번성한 시기를 맞습니다. 그러나 이 시기에 평민과 귀족 사이의 대립이 빈번하게 일어나기 시작했죠. 교회는 이를 조정하기 위해 애썼지만 결국 무력 충돌이 발생했고 귀족은 패했습니다. 평민들은 정부를 재조직하고 귀족에게만 한정되었던 각종 규정을 다시 새롭게 만들었죠. 귀족의 세력을 약화시키기 위해 일부 귀족들을 평민으로 전락시키기도 했습니다.”

“제가 보기에 그들 사이의 갈등은 제멋대로 명령을 내리는 귀족에게 평민들이 복종하길 원하지 않아서 발생한 것 같아요. 그러니까 양쪽은 자연히 적대 관계가 될 수밖에 없었던 거죠. 이탈리아의 대규모 도시국가들에서 분쟁이 발생한 근본 원인도 바로 같은 이유죠.”

또 세훈이 끼어들며 말했다.

“맞아요! 귀족과 평민은 완전히 다른 두 개의 계급이잖아요. 제 생각에 당시 여러 국가에서 갈등을 겪었던 이유도 전부 거기에 있어요. 또한 로마가 통일될 수 없었던 이유이기도 하고요.”

서영도 나섰다. 그러자 마키아벨리는 고개를 끄덕이며 말했다.

“맞습니다. 공화정 체제에서는 통치자와 체제의 구성이 수시로 변할 수 있다고 봅니다. 특히나 완전히 정립되지 않은 상태에서는 말입니다. 예를 들어 귀족들은 노예를 부리는 제도를 실시했고, 평민들은 노예를 풀어주는 제도를 각각 실시했다는 사실을 보아도 알 수 있죠. 당시의 피렌체는 바로 이러한 체제가 혼재되어 있었습니다. 그 후 1381년부터 1422년까지 피렌체에는 평화가 찾아오지만 종교 갈등은 계속되었습니다. 당시 도시국가를 통치하던 상류 평민 계층은 몹시 거만하고 횡포했으며 그들끼리의 반목과 질투도 상당했습니다. 그리고 서민들에게는 과중한 세금을 부과했죠. 당시 정부의 최고 관직에 있던 메디치Medici가의 수장 조반니 디 비치는 평민과 정부 사이의 대립을 성공적으로 조정한 것으로 유명하죠. 그 후로 롬바르디아의 군주 필리포 공작은 잃어버렸던 제노바 지역을 되찾고 피렌체와 조약을 맺지만, 이내 위반하고 본래 피렌체에 속해 있던 지역을 침입합니다. 이로 인해 전쟁이 시작되었죠. 1427년, 피렌체는 베네치아와 연합해 롬바르디아를 물리치고 평화를 회복합니다.”

마키아벨리, 피렌체와 베네치아 전쟁에 대해 말하다

마키아벨리는 교단에서 내려와 학생들 쪽으로 걸으며 말했다.

“그 뒤로 이탈리아에는 두 개의 무인武人 파벌이 등장합니다. 바로 보르지아 가문과 스포르차 가문이었습니다. 당시 이탈리아의 무장 역량은 온통 이 두 곳에 집중되어 있었으며 심지어 교황까지도 영토 분쟁에 참여할 정도였습니다. 피렌체 역시 이탈리아의 다른 도시국가에서 일으킨 전쟁의 소용돌이에 휘말리게 됩니다."

"피렌체 내부에도 분쟁이 있었나요?"

세훈이 또 질문했다.

"물론입니다. 당시 피렌체는 코시모 일파가 세력을 잡고 있었는데 1455년까지 쭉 이어졌습니다. 그러나 반대파의 숫자도 만만치 않았죠. 또 다른 세력 중에는 카포니라는 자가 권력을 잡고 코시모 일파를 견제했습니다. 하지만 1455년 카포니가 죽고 나자 반대파 역시 사라졌습니다."

"코시모 일파에게 더 이상 적수가 없었겠군요."

마키아벨리가 세훈을 흘깃 보고는 말했다.

"물론 그랬습니다. 하지만 내부의 분열이 시작되었죠. 간단히 말해 코시모에 반대하는 사람들이 새로운 정부를 선출했고 루카라는 사람이 그 자리에 앉게 되었습니다. 루카는 자신만의 궁전을 짓기 시작했고, 이미 중병에 걸려 있던 코시모는 이를 제지할 수가 없었죠. 1464년 코시모가 죽자 그의 아들 피에로가 그 자리를 물려받았습니다. 그런데 피에로는 나이가 어린데다 정치 경험이 전혀 없었습니다. 게다가 믿었던 부친의 심복이자 베네치아 영주 대사 디오티살비 네로니가 피에로를 돕기는커녕 문제만 일으켰습니다."

그때 세훈이 또다시 끼어들어 말했다.

"이런, 서양 사람들은 중국의 제갈량에 비할 바가 못 되는군요. 제갈량은 유비가 임종을 앞두고 자식을 부탁하자 평생을 바친 것도 모자라 죽어서도 충성을 다했는데요!"

"세훈 학생, 내가 수업을 하고 있을 때는 끼어들지 말기 바랍니다."

마키아벨리는 세훈에게 주의를 준 뒤 계속 말을 이어갔다.

"이와 동시에 날이 갈수록 세력을 확장하고 있던 반대파는 피에로를 암살해 권력을 쟁탈하기로 결정합니다. 물론 피에로가 어렸지만 완전히 무방비 상태는 아니었죠. 무기를 지니고 다녔으니까요. 그러던 중 피에로의 세력이 점점 커지는 것을 본 반대파의 일부어서 배신하는 무리가 생깁니다. 주사위는 이미 던져졌다고 생각한 피에로는 광장으로 사람들을 불러 모아 새로운 정부를 성립하고 지지를 얻습니다. 반대파는 이에 몹시 당황했고 기회를 틈타 베네치아로 도망칩니다. 그러나 이를 가만둘 피에로가 아니었죠. 피에로는 망명하는 자들을 전부 반역자로 선포하고 소란을 일으킨 자들 역시 전부 체포합니다. 운이 좋았던 사람들은 그저 추방당하는 것으로 끝났지만 일부는 잔인하게 목숨을 잃습니다. 디오티살비 일가는 뿔뿔이 흩어졌고요. 추방당한 사람들에게는 결코 받아들일 수 없는 실패였겠죠. 특히나 디오티살비는 베네치아에 도착하자마자 원로원에 눈물로 호소해 피렌체와의 전쟁 선포를 이끌어냅니다."

마키아벨리는 속사포처럼 말을 쏟아내며 강의를 끌어갔다.

"피렌체로서는 예상하지 못했던 공격이었죠. 전쟁 초반 피렌체는 베네치아 군대에게 일부 지역을 빼앗기지만 그 후 나폴리 왕국의 도움으로 침공을 막아냅니다. 양쪽은 휴전하고 화의를 맺습니다. 복수의 가망이 없어진 데다 베네치아에 크게 실망한 디오티살비 일당은 어쩔 도리 없이 사방으로 흩어졌습니다. 승리한 피렌체의 시민들은 적대 세력에 대한 진압에 그치지 않고 의심스러운 자들을 엄중히 처단했습니다. 정부에 몸담고 있던 많은 사람들이 그동안 누렸던 권리나 지위를 박탈당하고 일부는 추방당했죠. 그러나 타인의 권리를 빼앗아 그것을 손에 쥔 사람들 역시 그 뒤 권력을 남용하고 독단적인 횡포를 부리긴 마찬가지였습니다."

"그럼 피에로는요? 그걸 보고만 있었나요?"

아까 마키아벨리에게 지적을 당했음에도 세훈은 기죽지 않고 질문했다.

"안타깝게도 피에로는 이 문제를 상관할 처지가 되지 못했습니다. 이 시기에 그는 이미 중병으로 누워 있었기에 상황을 제대로 알지 못했습니다. 만약 피에로가 병으로 죽지 않았다면 당시 추방당했던 사람들을 다시 불러와 횡포를 일삼는 세력을 진압했을지도 모를 일입니다. 하지만 피에로는 죽고 그의 아들인 로렌초와 줄리아노가 후계자로 지목되었지만 두 사람 모두 그 자리를 물려받기에는 너무 어렸습니다."

자신의 지혜로 평화를 이룬 로렌초

마키아벨리는 다시 교단으로 돌아가 교탁 앞에 섰다. 그사이 세훈이 궁금증을 참지 못하겠다는 듯 질문했다.

"그럼 그 뒤에는 어떻게 되었나요?"

"이때 정부의 각 부문을 맡고 있던 메디치 가문이 큰 목소리를 내며 피에로의 두 아들을 암살하고, 정부를 재조직하기로 결정합니다. 결국 줄리아노는 살해당했고 로렌초는 운 좋게도 도망칠 수 있었습니다. 그 후로 피렌체는 혼란에 빠집니다. 교회 주교는 집정관 궁전을 점령할 계획을 세우다가 민중들에 의해 교수형에 처해지고 교황도 피렌체 교적에서 제명당하죠.

게다가 나폴리의 국왕이 군대를 보내 피렌체를 공격하자 피렌체 사람들은 전력을 다해 방어해야 했습니다. 그때 도망쳤던 로렌초가 나타나 모든 군사 행위는 자기 한 사람만을 겨냥하라며 목소리를 높였고, 이에 감동한 시민들은 로렌초를 지지하기 시작했습니다."

학생들은 흥미진진하다는 듯 이야기를 경청했다.

"로렌초는 이전에 피렌체가 베네치아와 전쟁 후 맺었던 조약에 따라 베네치아에 지원을 요청하며 교황의 불공정한 행위를 밝혔지만, 베네치아는 로렌초를 돕지 않았습니다. 하지만 로렌초는 자신의 힘으로 나폴리를 무너뜨렸고 교회에 대한 공격도 개시했습니다. 결국 로렌초는 교회와 화의를 맺고 조약에 합의하며 끝을 맺습니다. 그리고 나폴리가 점령했던 땅을 전부 피렌체에 돌려주게 되죠. 로렌초는 교황과 담판을 지으려 했으나 바로 그 시기에 투르크가 이탈리아를 침공하는 바람에 교황은 피렌체와의 전쟁을 뒤로 미룰 수밖에 없었죠. 그 후 피렌체 사람들은 충실히 조약을 이행했고 교황 역시 더 이상 분쟁을 일으키지 않았습니다. 로렌초는 자신의 지혜를 충분히 잘 이용해 평화를 이루어냈으며 피렌체를 위해서도 많은 일들을 했습니다. 그는 도로를 건설하고 시민들의 주거 환경을 개선했으며 도시를 재건축하는 등 분명 피렌체를 위해 상당히 많은 일들을 해냈습니다. 참호나 진지 같은 방어시설 축조로 적들의 침입에 대비하면서도, 한편으론 피렌체의 청년들이 문학을 연구할 수 있도록 장려하기도 했죠. 이러한 행적 덕분에 로렌초의 명망은 1492년 그가 사망할 때까지 피렌체뿐만 아니라 이탈리아 전역으로 널리 퍼졌습니다."

마키아벨리가 더 말하려고 하는 순간, 수업이 끝났음을 알리는 종이 울렸다. 마키아벨리는 아쉬운 듯 학생들을 향해 말했다.

"이렇게 짧디짧은 한 번의 수업으로 피렌체의 역사를 전부 설명하는 것은 불가능하겠죠. 다음 역사학자도 만나봐야 하니 오늘은 여기까지만 하겠습니다. 여러분이 관심 있다면 다시 와서 이야기를 이어가겠습니다. 모두들 잘 있어요!"

마키아벨리가 교실을 빠져나간 뒤, 채원이 서영에게 물었다.

"오늘 수업이 여름방학 여행에 좀 도움이 됐어?"

"당연하지! 선생님은 정말 뛰어난 역사 해설자였으니까. 정말 피렌체에 가게 되면 선생님을 만나보고 싶어!"

볼테르 선생님, 역사의 서술 범위는 어디까지인가요?

▶▶ 볼테르가 대답해주는 '문화사학' 이야기

여러분은 역사책을 쓴다면 무엇을 중점에 두고 쓰겠습니까?

전쟁을 크게 다룰 거예요. 전쟁이야말로 한 나라의 운명뿐만 아니라 시대를 변화시키는 사건이니까요.

왕이나 위인을 중심으로 쓰겠어요. 위인의 행적을 통해 시대 역사를 볼 수 있다고 생각해요.

전쟁처럼 큰 사건이나 왕 같은 영웅이 아니더라도 역사를 바꾼 크고 작은 사건들을 중점에 두고 쓰겠어요. 그래야 역사를 전체적으로 볼 수 있을 것 같아요.

▶▶ 생각해보기 ◀◀

역사를 총체적으로 인식하기 위해서는 어떻게 해야 할까?

"안녕하세요. 오늘 수업을 맡은 볼테르입니다."

"볼테르!"

서영이 큰 소리로 이름을 외치자 볼테르가 의아하다는 표정으로 말했다.

"왜 그러나요, 학생. 나를 알고 있습니까?"

"선생님을 모르는 사람이 있을까요? 프랑스의 철학가이자 18세기 계몽주의 운동의 선구자가 바로 선생님이시잖아요!"

그러자 볼테르가 웃으며 대답했다.

"과찬입니다. 그러한 수식어들은 볼테르라는 인물에 감춰진 헛된 명성일 뿐입니다. 나는 그저 보통의 문화인이라 그런 칭찬은 조금 불편하네요. 어쨌든, 쓸데없는 이야기는 여기까지만 하고 본론으로 들어가겠습니다."

볼테르는 왜 기독교와 싸웠을까?

볼테르가 막 강의를 시작하려는데 어디선가 속닥거리는 소리가 들려왔다. 볼테르가 그쪽을 향해 고개를 돌리자 정신없이 이야기를 주고받는 두 학생이 눈에 들어왔다. 세훈과 재준이었다. 볼테르가 천천히 다가가자 세훈이 그때서야 고개를 들고 말했다.

"앗, 선생님! 지금 저희는 〈소스 코드〉라는 영화에 대해 이야기하고 있는데요. 혹시 그 영화 보셨나요?"

"학생, 영화는 내 전공이 아닙니다. 그쪽 방면에 흥미가 있다면 다른 수업을 수강하길 바랍니다. 오늘 강의할 내용은 '문화사학文化史學'입니다."

볼테르는 온화한 목소리로 대답했다.

"그게 아니라, 실은 그 영화에 유물론과 유심론에 대한 이야기가 담겨 있거든요. 그런데 도대체 무슨 내용인지 잘 이해가 되지 않아요. 역사유물론이니, 역사유심론이니 다 뭔가요? 오늘 선생님께서 강의하실 내용이 소박유물론 아닌가요?"

재준의 질문에 볼테르는 고개를 끄덕여 보였다.

"소박유물론에 대해 이야기하자면, 기독교를 빼놓을 수가 없습니다."

볼테르는 전체 학생들 쪽으로 몸을 돌려 숨을 크게 들이쉬고는 천천히 말을 이어갔다.

"나와 기독교 사이의 끊임없는 분쟁에 대해서는 아마 여러분도 알고 있을 겁니다. 물론 여기서 말하는 기독교란 내가 살았던 암흑시대의 기독교를 말합니다. 지금의 기독교와는 다르죠."

그러자 세훈이 물었다.

"기독교의 영향력이 그렇게 엄청났나요?"

"나는 평생을 기독교와 맞서 싸웠습니다. 특히 천주교와 말입니다. 그 이유 중에 하나는 당시 천주교회의 부패 때문이었고, 더 중요한 이유는 이념의 불일치 때문이었습니다. 나와 그 종교를 전도하는 자들은 공존이 불가능했죠. 당시 나는 젊고 혈기왕성했으며 눈에 거슬리는 게 있다면 큰 소리로 짚고 넘어가야만 했습니다. 그래서《관용론》이라는 책을 써서 교회를 비판하고 교권주의를 반대했습니다. 물론 터무니없는 사실을 날조해서 비판하거나 인신공격을 하지는 않았습니다. 있는 그대로의 사실을 논하고 근원을 찾아 분석했을 뿐입니다. 나는 당시 교황을 몹시 경멸했지만 교황이 이룩한 다른 업적들은 분명히 인정합니다. 학식이 뛰어난 사람이기도 했고요."

"상대에 대한 기본적인 존중이 바로 자신을 존중하는 길이기도 하죠."

갑작스런 수빈의 말에 볼테르가 고개를 끄덕였다.

"분명히 밝히지만, 나의 관점이나 천주교에 대한 평가는 전부 내가 살았던 시대의 천주교를 바탕으로 한 것입니다. 그 시대는 유럽 최대의 암흑기였으며, 기독교 교회의 역사상 부패가 가장 심했던 시기이기도 했습니다. 지금 사람들의 눈으로 본다면 당시의 천주교는 미쳤다고 해도 과언이 아니었으니까요. 과학마저도 종교 광신도와 결탁했죠."

그때 서영이 볼테르의 말을 끊고 불쑥 질문을 던졌다.

"그럼 선생님께서는 무신론자이신가요?"

볼테르는 고개를 가로저으며 대답했다.

"아닙니다. 내게도 나만의 신앙이 있습니다. 이 세상에 신이 존재함을 믿지만 그 신이 천주교의 하느님이 아닐 뿐입니다. 아직까지 그 실체를 본 적이 없으니까요."

"그렇다면 군이 종교를 싫어하실 필요가 없잖아요."

서영이 재차 물었다.

"방금 내가 한 말이 좀 모호했군요. 모든 교회에 반감을 갖고 있는 건 아닙니다. 현대의 기독교 교회를 싫어하지도 않고요. 좀 더 정확히 말하면, 나는 17세기부터 18세기까지 내가 살았던 시대의 천주교 교회가 저지른 부패 통치를 반대한 것뿐입니다. 당시 모든 서유럽에서 가장 높은 권력은 황권皇權이 아니라 바로 교권教勸, 즉 교회의 권력이었습니다. 천주교 교회의 권력은 엄청났고 거의 대부분의 국왕이 대관식을 치를 때 교황을 거쳐야만 그 지위가 합법적으로 인정될 정도였으니까요. 교회는 평민들의 사상을 억압했기 때문에 그들의 생각은 자유롭지 못했으며, 교회 내부는 극도의 탐욕으로 물들어 있었습니다. 통치자들 역시 잔학하고 흉포했으며 제멋대로였죠. 타락한 통치에 반대하는 것은 역사가로서의 책임이었습니다."

숨을 몰아쉬는 볼테르의 눈빛에 비장함이 서려 있었다. 그의 모습에 학생들은 전부 눈이 휘둥그레졌다.

"어떤 의미에서 보자면 성공했죠!"

볼테르가 여전히 비장한 말투로 외쳤다.

"그런데 천주교는 지금도 여전히 건재하는데요?"

재준이 물었다.

"맞습니다. 여전히 있습니다. 하지만 이전과는 분명 다르죠. 나는 부패하고 타락한 조직을 없애려 했을 뿐, 종교 자체를 반대하지는 않았습니다."

볼테르의 말에 학생들은 저마다 생각에 빠져들었다. 침묵의 시간이 얼마간 흐른 뒤 세훈이 작은 소리로 물었다.

"선생님의 신앙이 도대체 어떠한 것인지 아직 말씀해주시지 않았어요."

그러자 볼테르는 진중하고 기품 있던 본래의 모습으로 돌아와 대답했다.

"아, 그렇군요. 미안합니다. 방금 좀 흥분을 했네요. 신앙에 대해 물었는데, 나는 자연을 믿습니다. 아까 무신론자인지 물었던 질문에 나는 그렇지 않다고 대답했었죠? 내 마음속의 신은 바로 아름다운 대자연입니다."

"대자연이요?"

세훈이 깜짝 놀라 되물었다.

"그렇습니다. 최초에 우주가 탄생했고 그 뒤로 대자연이 만들어졌으며 그다음에야 인간이 생겨났습니다. 인간은 대장장이, 목수, 농부 등의 직업을 가졌고, 마지막으로 한가한 시간에 생각하는 사람이 출현했습니다."

"그건 마르크스의 유물론 아닌가요?"

세훈의 말에 교실 안은 웃음바다가 되었다.

인간의 이성으로 인식하는 역사

교실 안이 다시 조용해지자 서영이 질문을 했다.

"선생님과 교회 사이의 분쟁에 대해 말씀해주실 수 있나요?"

"물론입니다. 내가 오늘 여기 온 목적이기도 하니까요. 일단 문헌부터 이야기해봅시다. 만약 여러분이 교회의 서가에 꽂힌 책들을 본다면 인간을 포함한 세상 모든 만물은 하느님이 창조했으며 일체의 모든 만물은 하느님이 마련했다고 쓰여 있겠죠. 교회가 써 내려간 역사란 그들의 마음속에 존재하는 신의 역사이거나 혹은 신이 주관하는 우주 만물의 관리 규칙을 말하고 있습니다. 그러나 신이 어떻게 모든 만물을 창조했는지 직접 본 사람은 아무도 없습니다. 따라서 그 이야기는 신뢰도가 떨어집니다. 적어도 나에게는 설득력이 없다는 뜻입니다."

볼테르는 앞으로 한 발짝 걸어 나가더니 목을 가다듬고 계속 말했다.

"나 볼테르의 역사는 그와는 완전히 반대입니다. 내 역사관에 있어 가장 중요한 부분은 바로 이성이니까요. 이성적 역사관으로 본 역사란 인식하는 것입니다. 인류의 역사도 규칙에 부합해야 하죠. 나는 인간이 가진 모든 것들은 이성에서 왔다고 생각합니다. 애초에 우리 조상들은 이성을 통해 자연을 인식했고 지금 여러분처럼 젊은 세대 역시 그와 같은 방법으로 이성을 통해 사회를 변화시켜왔습니다. 따라서 역사를 앞으로 끌고 나아가는 가장 좋은 방법은 바로 이성을 더욱 발전시키는 것입니다. 그와 반대가 된다면 인류의 발전은 가로막히겠죠."

볼테르의 말이 끝나자마자 세훈이 뭔가 크게 깨달았다는 듯 외쳤다.

"이성이라는 원동력이 무한히 아름다운 미래를 창조해내며, 인간의 세상은 사실 이성이 지배하는 세상이라는 뜻이네요!"

볼테르는 세훈에게 고개를 끄덕여 보이며 대답했다.

"맞습니다! 역사의 발전 과정은 신이 아닌, 인간을 주제로 삼아야 합니다. 역사에서 가장 중요한 요소는 우리 인간이니까요."

볼테르, 이성적으로 역사를 통찰할 필요성을 말하다

볼테르는 세훈을 향해 흐뭇한 미소를 짓더니 계속해서 말했다.

"이러한 관념을 통해 나는 역사의 연구 방향과 서술 대상에 대해 더욱 새롭게 접근할 수 있었습니다. 가장 확실히 드러난 부분은 바로 역사의 서술 범위를 확대시켰다는 점이죠. 이전의 많은 역사학자들은 왕이나 위인, 군사, 정치, 종교, 신학 등을 위주로 역사서를 썼습니다. 아, 혹시 내가 쓴《루이 14세의 시대》에 대해 아는 사람 있습니까?"

볼테르가 학생들을 둘러보자 서영이 손을 들고 말했다.

"제가 알아요.《루이 14세의 시대》는 선생님의 대표작 중 하나로, 루이 14세의 일생뿐만 아니라 당시 사람들의 풍속과 지성에 대해서 많은 지면을 할애하여 묘사하셨죠. 이 책으로 인해 사람들은 도덕을 추앙하게 되었고, 학술과 자신의 조국에 대한 깊은 애정을 갖게 되었어요. 교육적 의의가 대단히 뛰어나며 사람들에게 깨달음을 일깨워준 책이기도 해요. 저는 이 책을 읽고 위대한 시대를 만들기 위해 가장 필수적인 요소는 바로 위대한 민족정신이라는 사실을 비로소 알게 되었어요."

"나는 사람을 쉽게 평가하지 않는 편인데, 정말이지 뛰어난 학생이군요. 학생 같은 사람을 두고 칭찬에 인색하다면 불공평한 처사일 겁니다."

볼테르가 웃으며 칭찬을 건네자 서영은 쑥스러워하며 고개를 숙여버렸다. 볼테르는 시선을 학생들에게 돌리고 다시금 이야기를 이어갔다.

"나는 그 책에서 루이 14세의 일대기뿐만 아니라 그가 통치했던 시대와 당대 사람들의 정신문화가 이룬 사회 발전에 대해 썼습니다. 당시 사람들의 정신 상태와 날로 발전했던 문화 예술의 극치를 묘사하는 데 특히 중점을 두었죠. 그 책이 사람들에게 어떤 영향을 미쳤는지 가장 대표적인 예를 하나 들어볼게요."

볼테르가 책 소개를 시작하자 모두 그 이야기에 집중했다.

"혹시 아는 학생이 있을지 모르겠는데, 루이 14세의 신장은 겨우 154센티미터였습니다. 하지만 그 사실이 루이 14세가 프랑스의 몇 안 되는 위대한 제왕의 자리에 앉게 하는 데는 아무런 영향을 끼치지 못했습니다. '태양왕'이라 불렸던 그의 통치하에서 프랑스는 경제와 문화 방면에서 엄청난 발전을 이룩했고 전쟁터에서도 늘 승리를 거두었죠. 하지만 이토록 위대한 제왕도 인생의 마지막 순간은 몹시 처량하고 비참했습니다. 국가 경제는 파탄에 이르렀고 왕의 위신은 땅에 떨어졌으니까요. 자식들마저 전부 죽고 난 뒤 그토록 위세 당당했던 루이 14세의 말년은 고립무원의 외로운 처지가 되었습니다. 1715년, 임종 직전 루이 14세는 왕의계승자를 품에 안고 이렇게 말했습니다. '너는 곧 위대한 왕국의 국왕이 될 터이니 내가 거듭 당부하마. 국왕이 된 이후 하느님에 대한 마땅한 책임을 결코 잊어서는 안 된다. 네가 가진 일체는 하느님으로부터 왔느니라. 이웃 국가들과 조화롭게 교류하는 데 최선을 다해야 하며 전쟁을 즐겼던 나의 지난 시절을 절대 닮아선 안 된다. 나처럼 돈을 물 쓰듯 해서도 안 된다. 어떤 상황을 맞닥뜨린다면 반드시 다른 사람들의 의견을 구하여 그중에서 가장 좋은 것을 골라 실행해야 한다. 하루라도 빨리 백성들의 부담을 덜어주어 내가 미처 이루지 못한 일들을 완성하도록 해라'라고요."

"루이 14세의 참회인가요?"

재준이 물었다.

"그토록 위대했던 왕이 목숨이 꺼져가는 순간에 왜 참회의 뜻을 내비쳤을까요? 루이 14세는 생명이 다해가던 날, 눈부셨던 과거를 회상하며 자신의 잘못을 똑똑히 깨달았던 겁니다. 비록 전쟁터에서 수많은 승리를 거두었지만, 국민들이 풍족한 생활을 영위하도록 보살피지 못했다는 사실을 알게 된 겁니다. 이야기가 너무 길어졌는데, 아무튼 내가 말하고 싶은 요점은 이겁니다. 이런 루이 14세조차도 잘못을 저지르는데 하물며 보통 사람들은 어떻겠습니까? 이성적 역사관이라 함은 당장 눈앞의 아름다움에 미혹되지 않고 그 너머에 잠재된 위기를 똑똑히 바라보는 것을 말합니다. 평안할 때일수록 위험에 대비해야 오래도록 태평성대를 이룰 수 있죠! 그러므로 군사나 정치에 대해서도 마땅히 이성적 비판을 해야 하는 겁니다."

역사는 인류가 만들어가는 지혜

여기까지 말한 볼테르는 잠시 숨을 고르며 학생들을 바라보았다.

"선생님은 어쩜 그렇게 흥미롭게 말씀을 잘하세요?"

서영의 말에 볼테르는 쑥스러운 웃음을 지었다. 그러고는 화제를 돌려 강의를 이어나갔다.

"비판의 주된 목적은 당연히 자신의 주장을 상세히 논술하기 위함입니다. 앞선 수많은 역사학자들은 대부분 한 나라의 왕에게 일어난 일들을 큰 틀로 삼아 그 안에서 정치나 군사적 행위에 초점을 맞춰 서술하는 방식을 취했습니다. 이런 방식으로는 그 역사를 읽는 사람들이 책 속에서 국왕 외의 다른 인물은 거의 보지 못합니다. 설령 다른 인물이 등장한다 해도 그것은 국왕을 설명하기 위한 필요에 의해서였겠죠. 나는 이를 결코 진정한 역사라 생각하지 않습니다."

"그럼 선생님께서 생각하시는 진정한 역사란 무엇인가요?"

재준이 더는 참지 못하겠는지 불쑥 끼어들었다.

"정말로 객관적인 역사는 그 시대의 전부를 그려내야만 합니다. 한 사람의 위인에만 머물러서는 안 되죠. 한 시대가 한 사람에게만 국한될 수는 없습니다. 루이 14세가 아무리 위대하다 해도, 그 위대함은 당시의 모든 사람들이 함께 만들어낸 것입니다. 역사란 어느 개인의 전기가 아니라 마땅히 그 시대 인류가 만들어낸 지혜의 역사가 되어야 합니다."

"선생님처럼 역사를 기술하려면 어떤 요령이 있어야 할까요? 인물이 많아질수록 사건은 복잡해질 테고, 그럼 서로 뒤엉켜 오히려 더 혼란스럽지 않을까요?"

세훈의 질문에 볼테르가 대답했다.

"나는 역사 편찬에 있어 일종의 관점을 제시했을 뿐입니다. 역사란 사건의 나열이 아닙니다. 모름지기 역사학자는 역사를 철학적 관점에서 생각하고 배열하는 데 중점을 두어야 하죠. 이 문제는 《풍속시론》에서 전문적으로 다루었습니다. 이 책을 통해 세상에 이미 알려진 모든 문명을 전부 연관시켜 예술, 과학, 관습, 풍속, 오락, 음식, 생활 등 각 방면에서 역사를 연구했습니다. 아마도 이런 방법이 아까 세훈 학생이 언급했던 요령이라면 요령이 될 수도 있겠네요."

설명이 일단락되자 다시 세훈이 말했다.

"볼테르 선생님, 정말 감사합니다. 제가 이렇게 오랫동안 학교에 다니면서 오늘 같은 수업은 처음이었어요. 마치 친구랑 이야기하는 기분이었거든요. 진짜 최고예요!"

세훈의 말에 볼테르가 미소 띤 얼굴로 대답했다.

"솔직히 말하자면 나는 이전의 선생님들이 어떻게 수업을 진행했는지 전혀 모릅니다. 이런 방식으로 수업을 한 이유는 세훈 학생이 말했듯이 여러분의 윗사람이 아니라 친구라는 느낌을 주고 싶어서였습니다. 그리고 오늘 여기 온 목적은 여러분과 함께 나의 사상과 관점을 공유하고 싶었기 때문이니까요. 나는 모든 사람이 법 앞에서 그러하듯 본질적으로 평등하다고 생각합니다. 나는 역사학자이며 철학자이고, 여러분은 그저 학생일 뿐이지만 본질적으로 우리는 같은 지평선상에 서 있다고 봅니다."

바로 그때 수업종이 울렸다. 학생들의 휴식 시간을 뺏고 싶지 않다는 듯 볼테르는 인상 깊은 말을 남기고 사라졌다.

"'시간은 나를 기다려주지 않는다'고 하죠. 그럼 내가 한발 먼저 가도록 할게요. 인연이 된다면 다시 만납시다!"

기번 선생님, 역사적 양심과 정의란 무엇인가요?

▸▸ 기번이 대답해주는 '이성역사관' 이야기

역사가가 되기 위해 필요한 것은 무엇이라고 생각하나요?

역사를 객관적으로 바라볼 수 있는 태도가 필요하다고 생각해요. 어느 쪽에도 휩쓸리지 않고 공정하게 역사를 쓸 수 있으니까요.

역사를 통찰할 수 있는 올바른 철학과 사상이 있어야 한다고 생각해요. 그래야 역사적 사건과 인물을 제대로 평가할 수 있으니까요.

역사를 이성적으로 인식하고, 도덕적인 판단을 내릴 수 있어야 한다고 생각해요. 역사는 단지 있는 사실의 기록이 아니니까요.

▸▸ 생각해보기 ◂◂

역사가는 역사 앞에서
어떤 자세를 가져야 할까?

쉬는 시간, 학생들은 밖으로 나갔지만 세훈과 재준은 교실에 남아 다음 시간에 있을 역사 수업을 기대하고 있었다. 세훈이 먼저 말했다.

"오늘은 역사 속 미스터리에 대한 이야기를 들을 수 있으면 좋겠어. 예를 들면 정조의 죽음 같은 사건 말이야. 정적들이 약에 독을 타서 정조를 죽였다는 얘기가 있어."

그러자 재준이 머리를 긁적이며 대답했다.

"설마? 그건 불가능한 일이야!"

두 사람이 옥신각신하는 사이, 시작종이 울렸다.

역사를 대하는 태도는 엄격해야 한다

복도 쪽에서 낮고 묵직한 발자국 소리가 들려왔다. 드디어 작고 왜소한 체격의 외국인이 나타났다. 그 남자는 너무 서두르지도, 그렇다고 너무 느리지도 않은 발걸음으로 교단에 올라섰다. 그리고 목청을 가다듬은 뒤 발걸음 소리보다 훨씬 더 낮은 소리로 학생들을 향해 말했다.

"여러분, 안녕하세요. 기번이라고 합니다. 18세기 영국의 역사학자죠. 오늘 수업을 맡았습니다."

기번은 교실 안 학생들을 둘러보다가 세훈을 발견하고는 말했다.

"사실 방금 학생들이 쉬는 시간에 하던 이야기를 들었습니다. 한국에 대해서는 잘 모르지만, 오늘의 역사 수업이 세훈 학생에게 도움이 될 것 같군요. 더 정확히 말하자면 기번이라는 역사가의 관점을 이해하는 데 도움이 될 겁니다."

"그게 무슨 말씀이세요?"

세훈이 깜짝 놀라 물었다.

"세훈 학생이 친구와 하던 이야기는 자신의 관점이 아닙니다. 전부 다른 역사학자들이 제시했던 가설로부터 나온 관점입니다. 즉 남의 주관적인 추측을 근거로 아무 의미도 없는 논쟁을 벌였다는 말이죠. 그건 내가 가장 반대하는 태도이기도 합니다! 나는《로마 제국 쇠망사》를 쓸 당시 일차적인 기초 자료를 매우 중요하게 생각했습니다. 이는 책임감에서 비롯된 것이기도 했죠. 나는 글을 쓰기 전에 매번 그리스어와 라틴어의 고전 원작들을 연구했고 로마 제국이 세워진 시기부터 서로마 제국에 이르기까지의 모든 문헌 자료들을 두루 살펴보았습니다. 문헌 달고도 그대의 문물과 화폐, 17세기와 18세기의 역사학자 가문에서 수집한 기초 자료까지도 비교하여 연구했죠. 믿지 못하겠다면《로마 제국 쇠망사》를 한번 읽어보길 바랍니다. 거의 모든 쪽마다 자세한 주석이 달려 있을 테니까요. 이 책이 유명해진 까닭은 그 안에 매우 풍부한 사료를 담았기 때문입니다."

바로 그때 서영이 불쑥 끼어들었다.

"맞아요. 그 책은 당시 유럽 대륙에 커다란 반향을 일으켰고 지금까지도 굉장히 권위 있는 작품으로 평가받고 있어요. 사람들은 여전히 그 책을 고대와 중세의 역사적 사실을 판단하는 표준으로 생각하니까요."

그러고는 세훈을 향해 단호히 말했다.

"그러니까 선생님 말씀은, 너희들이 쉬는 시간에 그렇게 떠들었던 건 역사에 대해 아주 무책임한 태도라는 뜻이야."

세훈은 자리에서 일어나 서영에게 반박하고 싶었지만 딱히 해야 할 말이 떠오르질 않았다. 어쨌든 기번도 똑같이 지적했던 상황이기에 그저 고개를 숙인 채 화를 삭일 수밖에 없었다. 서영의 이야기가 끝나자마자 기번이 말을 이었다.

"물론 내 말이 조금 심했다고 생각할지도 모르겠습니다. 여러분이 전문적으로 역사를 연구하는 학자는 아니니까요. 하지만 내가 이렇게 진지한 이유는 역사가 결코 어린아이 장난이 아니라는 사실을 말하고 싶어서입니다! 특히나 많은 사람들이 역사를 마음대로 날조하거나 심지어는 웃음거리로 전락시키고는 아무런 거리낌 없이 젊은이들에게 '이것이 역사다'라고 말하는 장면을 볼 때마다 나는 그저 분노할 수밖에 없었습니다! 역사란 저 멀리서 빛나는 등대와도 같습니다. 비록 아주 멀리 있지만 그곳에서 뿜어져 나오는 불빛이 여러분 인생의 앞길을 비춰주니까요. 그 불빛이 성공으로 통하는 문을 찾게 해주고, 조금만 방심해도 돌이킬 수 없는 구렁텅이에 빠진다는 사실을 알려주죠. 따라서 역사를 대하는 태도는 반드시 엄격해야만 합니다. 마치 지뢰밭에서 지뢰를 제거하듯이 말입니다. 목숨을 부지하려면 단 한 개의 지뢰를 찾아내는 과정일지라도 허투루 넘기지 않고 최선의 노력을 다해야만 합니다. 비록 느리더라도 말입니다. 반대로 그곳에서 빨리 빠져나오기 위해 지뢰탐지기를 들고 대충 어슬렁거리기만 한다면, 다른 사람들보다 몇 걸음 빠를 수는 있겠지만 여러분 앞에 놓인 지뢰가 어느 때에 터져버릴지 모를 일이죠. 이것이 바로 여러분에게 말하고 싶은 나의 첫 번째 견해입니다. 역사를 대할 때에는 반드시 엄격해야 한다는 것!"

세훈은 여전히 서영에게 반박할 말이 떠오르지 않아 분했지만 기번의 말을 듣고는 이렇게 생각했다.

'맞아, 만약 사람들이 무책임하게 역사를 마음대로 왜곡한다면 그다음의 또 다른 후대에게는 돌이킬 수 없는 일이 되어버릴 테니까!'

서양 역사 속 기독교의 기원과 발전

기번이 다음 주제로 막 넘어가려 할 때, 서영이 갑자기 질문을 던졌다.

"선생님, 외람되지만 혹시 볼테르 선생님과 어떤 관계이신지 여쭤봐도 될까요? 제 생각에는 선생님의 관점이 볼테르 선생님과 조금 비슷한 것 같아서요. 솔직히 말씀드리면, 볼테르 선생님은 지금까지 오셨던 선생님들 중에서 제가 가장 좋아하는 분이기도 하고요. 두 분의 관점이 비슷하다고 느끼면서부터 계속 궁금했어요."

교실에 들어와서 지금까지 단 한 번도 웃지 않았던 기번의 입가에 천천히 미소가 번졌다. 조금 당돌한 질문이지만 대답해줄 의사가 충분히 있다는 의미였다.

"나와 볼테르는 분명 아는 사이가 맞습니다. 좋은 친구이기도 하죠. 평소에 볼테르가 주최하는 모임에도 참석하고 시간이 나면 그가 쓴 연극을 보러 가기도 했습니다. 그러나 수업과 관계없는 이야기는 길게 하지 않겠습니다. 관심이 있다면 수업이 끝난 뒤 나를 찾아오세요. 아까 하려던 이야기를 계속하겠습니다."

그런데 서영이 아랑곳하지 않고 또다시 기번의 말을 막았다.

"선생님, 그럼 이번엔 수업과 상관 있는 질문을 드릴게요. 만약 선생님의 사상이 볼테르 선생님과 비슷하시다면 기독교나 천주교를 바라보는 시각도 역시 그런가요?"

질문을 듣고 기번의 표정이 순식간에 변하더니 큰 소리로 웃음을 터뜨리며 말했다.

"이번엔 제대로 된 질문이군요! 바로 지금부터 내가 말하려는 내용이기도 합니다. 그 이야기를 하려면 기원전 1세기 이전의 로마 제국으로 거슬러 올라가야 합니다. 그 시절 로마 제국은 완전히 세속적이었고 종교적 관용이 있었던 강대국이었습니다. 국왕은 전능했고 신하와 백성은 열심히 일했죠. 모두가 황제에게 충성했고 조국을 사랑했으며 자신의 국가를 영예롭게 여겼습니다. 그러나 국가는 쇠락했고 야만족의 침입을 수차례 겪었습니다. 오랜 시간이 지나자 시민들은 속세에 불만을 품었고, 바로 이때 기독교가 들어왔습니다."

"그다음은요?"

서영이 채근하며 질문했다.

"그 후 로마 사람들은 일손을 놓고 날이면 날마다 침대에 누워 자신이 죽고 난 뒤 과연 천당에 갈 수 있을지를 상상하며 시간을 보냈습니다. 조국을 사랑하던 열정도 점차 사그라졌죠. 그 결과 로마 제국의 힘은 쇠락하기 시작했습니다. 기독교 내부 파벌끼리의 분쟁 역시 로마 제국이 혼란해진 원인이었습니다. 황제는 군사나 정치보다는 종교 회의에 더 신경을 썼습니다. 게다가 기독교가 국교로 지정된 이후 각 교파에 대한 황제들의 태도 역시 서로 달랐는데, 콘스탄티누스 대제 이후의 황제들은 이교도를 억압하기 시작했습니다. 이교도가 보유한 재산을 찾아내서 그것을 전부 국가나 교회 앞으로 만들라는 명령을 반포했고, 원래 기독교인을 박해하던 형법을 고쳐서 종교 분립론자들을 향해 들이댔습니다. 국가의 경제 역시 영향을 받았죠. 예를 들면 당시 재화의 대부분은 그것이 공공재산이든 사유재산이든, 종교 활동이나 자선사업에 사용되었습니다. 사병들에게 주어야 할 군량과 급료 역시 기독교를 지원하는 데 마구잡이로 써버렸죠. 그러나 로마 문명이 쇠퇴한 이후 등장한 문명을 응집하고 지속시킨 것 역시 기독교였으며, 중세 문화에서 기독교가 여전히 주된 위치를 차지한다는 사실은 나도 인정합니다."

기번은 매우 격앙된 채로 말을 이었다.

"단지 나는 공정하고 객관적인 각도에서 기독교를 이야기하고 싶었을 뿐입니다. 앞선 수많은 역사학자들은 모두가 교회를 중심으로 역사를 집필했습니다. 그들의 눈에는 기독교만이 신성한 종교였죠. 따라서 그들이 써내려간 역사는 진실하고 객관적인 역사가 아닌 신화적인 역사 혹은 신의 역사일 뿐이었습니다. 나는 이를 타파하고 제3자의 입장에서 기독교의 기원과 그 발전 과정을 소개하고 싶었습니다.'

기번, 부패와 부조리에 맞선 역사적 양심과 정의를 말하다

기번의 말이 끝나자 세훈이 질문했다.

"선생님께서 제3자의 입장에서 서술하셨다고 했지만, 방금 기독교를 거론하시면서 좋은 이야기는 거의 없었잖아요. 게다가 기독교가 등장한 이후 로마 제국의 힘이 약해졌다면서요?"

그러자 기번은 웃으며 말했다.

"그럼 질문을 하나 하겠습니다. 이 세상에 완벽한 사람이 존재한다고 생각합니까?"

"그랬으면 좋겠지만, 결코 완벽한 사람은 없죠."

"기독교 교리는 교인들의 금욕을 권하지만, 이는 서양에서 말하는 천사나 혹은 여러분들의 전설 속에 등장하는 신선에게나 가능한 일입니다. 나는 대담하게 비판할 줄 아는 사람입니다. 단지 종교만이 아니라 인간 사회의 조화와 발전, 인류의 행복과 자유에 도움이 되지 않는다면 그 뒤에 아무리 강대한 세력이 버티고 있다 해도 무엇이든 용감하게 비판할 수 있습니다! 한 인간의 입장에서 본다면 세상에 태어난 이상 평생 동안 자유와 행복 그리고 쾌락을 누리고 싶은 것이 당연합니다. 그것이 물질적인 측면이든, 아니면 정신적인 측면이든 말입니다. 욕망의 억제는 인간에게 아무런 행복도 가져다주지 못할뿐더러 그 어떤 공공의 복리에도 보탬이 되지 않는다고 생각합니다. 또한 사람들의 지혜를 막아버리고 이성적으로 지혜를 탐구하는 인간의 정신과도 위배됩니다."

기번은 눈을 빛내며 말을 이어갔다.

"내가 책에서 기독교를 비판한 이유는 기독교를 증오했기 때문이 아니라 당시의 기독교가 국가와 백성들에게 분명 아주 나쁜 영향을 미쳤기 때문입니다. 만약 내 자신의 안위나 앞길에 어떤 영향이 있을까 두려워 세상의 부패와 부조리를 보고도 못 본 체한다면, 이는 양심과 정의가 사라졌다는 뜻이며 인간성의 추악함을 용인하는 게 됩니다. 오늘 당장 비판하지 않는다면 내일도 비판할 수 없으며, 어느 날 그것이 온 세상에 영향을 미친다면 당신은 도망가고 싶어도 이미 숨을 곳이 없을 겁니다."

이성적 사고의 중요성

"선생님은 볼테르 선생님과 '같은 사상의 나라'에서 오셨군요. 문제를 보는 각도나 생각의 관점이 매우 비슷해요."

서영이 말하자 기번이 차분히 대답했다.

"네, 우리 두 사람은 비슷한 점이 많습니다. 바로 앞에 볼테르가 수업을 마치고는 곧장 나를 찾아와서 여러분에 대한 이야기를 했었죠. 자신의 이성역사관에 대해 중점적으로 강의했다고 하더군요."

"그러니까요! 수업 내내 다음의 두 가지 내용을 들려주셨어요. 하나는 유물론이었고, 다른 하나는 볼테르 선생님의 이성역사관이었죠."

서영이 볼테르 선생님을 떠올리며 말했다. 기번은 이야기를 이어갔다.

"비단 역사 연구뿐만 아니라 생활 전반에 걸쳐 발생하는 크고 작은 모든 일들을 이성으로 대응해야 할 필요가 있습니다. 그래서 이제부터 여러분에게도 '이성사상'을 확립하길 제안합니다. 개인적 감정이 섞이지 않은 이러한 사고방식을 통해 수많은 시행착오를 줄일 수 있으니까요. 모두가 알고 있듯이 나는 18세기를 살았던 영국 사람입니다. 18세기 초부터 1789년까지는 대변혁의 시기였고 새로운 사상들이 끊임없이 출현했죠. 바로 후대 사람들이 '계몽주의'라 부르는 시대였습니다. 사람들의 사상은 철학, 자연과학, 정치학, 논리학, 역사학, 경제학, 문학, 교육학 등 지식의 모든 영역에 걸쳐 있었으며 인재들이 대량으로 배출되고 인류의 진보를 강조하던 시대였습니다."

"맞아요! 만약 당시의 지식인들이 '사상혁명'을 이끌지 않았더라면 지금의 서구 사회는 여전히 군주들의 전제정치에 머물러 있었겠죠!"

다시 서영이 끼어들었다.

"맞는 말입니다. 그렇다면 인류의 발전을 이끈 이토록 위대한 시대는 어떻게 출현하게 된 걸까요? 바로 역사학자들이 '이성적 사고'를 굳게 믿었기 때문입니다. 더 이상 종교로 문학과 예술의 부흥을 도모하지 않았고 이성적 사고와 풍부한 경험을 통해 지식 체계가 종교의 영향에서 벗어나도록 애썼죠. 그러고 나서 완전히 새로운 도덕적 자질과 미학을 사상 체계의 주체로 삼았습니다. 서영 학생이 그토록 숭배하는 볼테르와 교회 사이의 논쟁 중에 이런 웃지 못할 이야기도 있었습니다. '나는 당신의 말에 단 한 글자도 동의할 수 없지만, 당신의 말할 권리는 목숨 걸고 지켜드리겠습니다!' 이것만 보더라도 당시 우리 같은 사람들이 언론의 자유를 얼마나 부르짖었는지 알 수 있겠죠."

잠시 이야기를 멈춘 기번이 당시를 회상하는 듯한 얼굴이 되어 학생들을 바라보며 말했다.

"그때의 우리는 정말이지 문화의 선봉에 서 있었을 뿐만 아니라 그 무엇도 두려워하지 않는 희생정신도 지니고 있었죠. 모든 방법을 동원해서라도 사람들이 전통적인 교리와 맹목적인 신념, 이성이라곤 눈곱만큼도 없는 전제정의 시대에서 빠져나오도록 돕고 싶었습니다. 아, 우리는 그 시절을 '암흑시대'라고 부르길 좋아했죠."

기번이 기억에 취해 있는 틈을 이용해 서영은 아마도 기번이 가장 대답하기 어려운, 혹은 해명하기 어려울 거라 생각되는 회심의 질문을 던졌다.

"하지만 그 후에 많은 역사학자들은 선생님을 18세기 부르주아 계급의 학자로 여겼어요. 선생님의 역사관은 당시의 시대와 계급에 국한된다는 사실을 피할 순 없었죠. 선생님은 전쟁과 정치를 역사의 핵심이자 가장 중요한 과제로 보고, 경제 발전의 측면에서는 제국의 흥망성쇠를 논하지 않으셨죠. 또 군주의 영향력과 올바른 품격에 대해 강조하면서 잘못된 군주 때문에 일어난 민중 폭동과 혁명을 수차례 언급하긴 했지만 군중들의 기세와 그 영향력에 대해서는 아무런 기록이 없어요. 선생님은 작품 속에서 단지 역사적 인물의 작용에 대해서만 강조했을 뿐 대중들의 영향에 대해서는 등한시하셨죠. 후세 사람들의 이런 비판에 대해서는 어떻게 생각하세요?"

서영의 말이 끝나자 교실에 적막이 흘렀다. 수백 년간 명성이 자자한 역사학자에게 서영이 이처럼 당돌하게 질문을 던지리라고는 아무도 생각지 못했다. 학생들이 모두 놀라 있는 사이, 기번은 갑자기 큰 소리로 웃음을 터뜨리더니 아주 기쁜 목소리로 외쳤다.

"서영 학생, 정말 좋은 질문입니다! 시대의 한계성으로 인해 내 작품에는 그러한 오점이 존재하죠. 나도 인정합니다. 하지만 후대 사람들이 맹목적으로 떠받들지 않고 이성적인 안목으로 내 작품을 보았다는 사실이 몹시 기쁘군요! 이래서 인류 사회는 끊임없이 진보한다는 겁니다!"

바로 그때 수업종이 울렸고 기번은 점잖은 목소리로 마지막 인사를 건넸다.

"여러분, 이제 수업을 마치겠습니다. 모두 잘 있어요!"

기번은 학생들의 눈앞에서 순식간에 사라져버렸다. 역사학자가 없다는 것을 확인한 채원이 서영에게 말했다.

"너 정말 간도 크다. 한 번 볼까 말까 한 선생님 앞에서 용감하게 지적을 하다니, 떨리지도 않았어?"

"일부러 질문한 거야. 수업 뒷부분부터 계속해서 이성을 강조하셨는데, 오늘 배운 대로라면 선생님의 작품에는 분명 오류가 있거든. 그래서 우리에게 그렇게 이성을 강조하는 선생님이 자신의 작품에 존재하는 결함에는 이성적으로 대할 수 있는지를 보고 싶었어. 만약 아까 화를 내셨다면 내가 생각했던 선생님의 이미지는 전부 사라지는 거지, 뭐."

"그럼 선생님의 대답이 어땠는데?"

"아주 만족스러웠어."

부르크하르트 선생님, 르네상스 운동이 왜 역사적으로 중요한가요?

▶▶ 부르크하르트가 대답해주는 '이탈리아 문화사' 이야기

르네상스 운동은 왜 이탈리아에서 시작됐을까요?

이탈리아는 그리스 · 로마 문화의 유적지가 많이 남아 있는 곳이니까요.

이탈리아 사람들은 문화예술에 관심이 많았어요. 그래서 예술가들의 주 무대이기도 했잖아요.

이탈리아는 유럽 다른 국가들과 비하여 기독교의 영향을 많이 받지 않았어요. 그래서 고전 문화를 폭넓게 받아들일 수 있었던 것 같아요.

▶▶ 생각해보기 ◀◀

르네상스 운동을 꽃피운 이탈리아에는 어떤 국가적 특징이 있을까?

수업종이 울렸지만 세훈의 머릿속에는 어젯밤 텔레비전에서 본 미국 드라마 〈워킹 데드〉가 여전히 맴돌고 있었다. 좀비로 가득한 세상에서 살아남은 생존자들의 사투를 그린 드라마인데, 처음에는 그저 공포물이라고 생각하면서 봤지만 정작 세훈을 놀라게 했던 건 좀비들이 아니었다. 너무나 존귀하지만 동시에 소름 끼치도록 끔찍한 인간의 본성이었다.

"생사의 갈림길 앞에서는 인간 본성의 아름다움과 추악함이 극명하게 드러나기 마련이야. 드라마일 뿐이지만 마치 실제처럼 생생해. 만약 진실이 그렇다면 인간이 쓴 역사도 결국 인간 본성의 역사가 아닐까?"

세훈이 이런 생각을 하는 사이, 오늘의 역사학자가 들어왔다.

르네상스의 가장 중요한 성과는 무엇일까?

"안녕하십니까! 부르크하르트라고 합니다. 스위스에서 왔죠. 연구 분야는 유럽의 문화사입니다. 오늘 역사 수업은 이탈리아 르네상스 시대의 문화에 대해 이야기하겠습니다."

"이게 선생님의 대표작 아닌가요?"

그때 서영이 책을 꺼내들며 묻자 부르크하르트가 웃으며 말했다.

"이 반에 그 책을 읽는 학생이 있을 줄은 몰랐네요.《이탈리아 르네상스의 문화》가 대표작이 맞습니다. 오늘은 내가 그 책을 가져오지 않았습니다. 책의 내용을 한 쪽씩 전부 이야기하다 보면 45분 수업 시간 동안 3분의 일도 채 읽지 못할 테니까요. 대신 가장 핵심적인 부분만 뽑아서 다루려고 합니다. 우선 수업 들어가기에 앞서 여러분의 지식을 좀 평가해보도록 하죠. 이탈리아의 르네상스 운동에 대해 누가 간단히 설명해주겠습니까?"

질문이 떨어지기가 무섭게 서영이 손을 번쩍 들더니 큰 소리로 말했다.

"그거야 아주 쉽죠! 간단히 말해 13세기 갈에서 14세기 초에 이탈리아에서 시작된 근대의 시초라고 볼 수 있어요. 구체적으로는 이탈리아 본국 중에서도 제노바, 피렌체, 베네치아 같은 지역이었죠. 이 세 도시가 당시의 이탈리아 혹은 유럽 전체를 통틀어 르네상스의 발원지이자 최대 중심지였어요."

"서영 학생이 기본적으로 잘 알고 있군요! 그럼 다른 질문을 하나 더 하겠습니다. 이 질문에 대답한 사람을 '선생님'이라고 불러줄게요."

학생들은 기회를 놓칠세라 귀를 쫑긋 세웠다.

"이탈리아 르네상스 운동의 가장 큰 업적은 무엇일까요?"

부르크하르트의 말에 모두 멀뚱히 서로를 바라보기만 할 뿐 아무도 대답을 하지 못했다. 부르크하르트가 서영을 보자 서영 역시 잘 모르겠다는 표정으로 고개를 저었다. 그러자 그는 다시 웃음 띤 얼굴로 말했다.

"사실 정답은 아주 간단합니다. 한 단어죠. 바로 인간의 '본성'입니다."

그때 뒤쪽에서 처음부터 몽롱한 상태로 졸고 있던 세훈은 정신이 번쩍 들었다. 요 며칠 동안 세훈이 흥미를 느낄 만한 단어가 수업 시간에 등장하기는 오랜만이었다. 세훈은 허리를 곧게 펴고 앉아 부르크하르트의 이야기를 경청하기 시작했다.

"나는 인간의 본성이야말로 이탈리아 르네상스 운동의 가장 큰 성과이며 동시에 근대 유럽 사상의 특징 중 하나라고 생각합니다. 이는 다음의 몇 가지 방면에서 구체적으로 드러납니다. 첫 번째는 민족과 개인 정신의 특징에 대한 발견입니다. 만약 여러분이 이탈리아의 희극과 시가詩歌에 흥미가 있다면 분명 다음과 같은 사실을 발견할 겁니다. 13세기 이래로는 희극이든 시가든 장르를 막론하고 개식開式 공연이나 개인의 내면세계를 과감하게 표현하는 공연 형태로 가게 된다는 점입니다. 또한 이 시기의 사람들은 전기문학에도 아주 관심이 많았죠. 당시의 이탈리아 사람들은 세속적인 전기에 등장하는 개성이 결여된 인물 묘사나 중세 시대의 따분한 기독교 이야기에서 벗어나 보통 사람들의 전형적인 특징에 대해 탐색하기 시작했습니다. 작가는 전기에 등장하는 인물의 성격이나 특징을 묘사하는 데 탁월했으며 이러한 재능은 한 개인에 대한 서술이나 비판에만 국한되지 않고 전 민족의 특징과 품성을 다루는 능력이기도 했습니다. 두 번째는 외모의 발현, 곧 사람들의 외모를 발견했다는 데서 나타나는데……."

"외모에서 나타난다고요? 매일 아침 눈만 뜨면 상대방이 어떻게 생겼는지 다 보이는데, 더 발견할 게 있나요?"

세훈이 냉소적으로 말하자 부르크하르트가 웃으며 답했다.

"여기서 '외모의 발현'이란 단순히 눈을 뜨고 누군가의 얼굴을 바라본다는 뜻이 아니라, 당시 이탈리아의 예술가와 문인들이 인간의 외형을 표현하는 데 매우 깊은 관심을 가지게 되었다는 의미입니다. 이들의 작품은 섬

세하고 치밀한 관찰과 정확한 묘사로 명성을 얻었죠. 지금까지도 로마인들은 글을 쓸 때면 간단한 한두 마디로 사람의 모습을 그려내곤 하는데, 나는 이런 부분을 높이 삽니다. 그들의 아름다움에 대한 인식과 판단이 일반적인 심미 원칙을 이미 초월했기 때문에 좀 더 섬세한 세부 묘사에 대한 요구가 제기되었던 겁니다. 이전 시대의 작품들과 견주어 비교조차 할 수 없는 독보적인 특징이기도 하죠.”

그제야 세훈이 이해한다는 표정을 짓자 쿠르크하르트는 말을 이었다.

“세 번째는 사람들의 일상생활에서 나타납니다. 서양의 중세 후기 문학은 일반적으로 익살스럽다고 생각하기 마련인데, 나는 이러한 익살이 모두 일상생활의 묘사에서 비롯되었다고 생각합니다. 르네상스 시대의 이탈리아 사람들은 매일매일 성실한 하루야말로 이 세상에서 가장 위대하고 보편적인 삶의 일부분이라는 사실을 체득하고 있었습니다.”

부르크하르트는 말을 멈추고, 한 걸음 앞으로 나가더니 다시 뒤돌아서서 말을 이었다.

“영국의 역사가이자 정치가인 매콜리는 자신이 쓴 책에서 ‘르네상스는 해방의 시대였을 뿐만 아니라 이성 시대라는 무대의 배경이기도 했다’라고 말했습니다. 계몽주의 운동의 서막으로서 르네상스의 특징은 결코 고전 문화의 부흥에만 머무르지 않습니다. ‘세상과 인간에 대한 발견’을 의미하며 더 나아가 인류 역사 발전의 아주 높은 단계 중의 하나라고 볼 수 있습니다. 이전에 볼테르가 수업을 한 적이 있다고 들었는데, 나는 그분의 영향을 아주 많이 받았습니다. 그는 인류의 역사를 인류 문명사이자 정치와 정신, 그리고 사회적 역량의 상호작용으로 보았습니다. 따라서 모든 시대마다 똑같이 적용할 수 있는 하나의 통일된 양식이란 존재할 수 없다고 했죠."

인문주의는 과거와 현재가 소통할 수 있는 매개체

"중세 문화의 속박에서 벗어난 뒤, 이탈리아 사람들에게는 그들 주변의 정신세계와 물질세계를 인식하도록 도와줄 스승이 필요했습니다. 이 '스승'은 다름 아닌 바로 고전 문화였습니다. 르네상스란 단순히 고전 문화를 모방했다는 것이 아니라 자신의 필요에 맞도록 고전 문화를 변화시켰다는 것을 의미합니다. 르네상스 운동에 있어 인문주의자들이야말로 진정한 소통의 매개체 역할을 했다고 볼 수 있죠. 굳건한 의지로 중세 문화에 맞서 싸운 전사라 해도 과언이 아닙니다."

부르크하르트는 잠시 숨을 고르고 다시 말을 이었다.

"이러한 정신운동의 주요 특징 역시 다음의 몇 가지 방면에서 나타납니다. 첫 번째는 고대 유적, 특히 이탈리아 각지에서 높게 평가되고 있는 고대 로마 유적입니다. 이 유적들은 사람들로 하여금 마음속 자부심을 고취시켰을 뿐만 아니라 고뇌를 불러일으키기도 하죠. 두 번째는 고대 작품에 대한 수집과 보급입니다. 당시 이탈리아 수집가들의 열정과 노력 덕분에 여기저기 흩어져 있던 고전 작품들이 발견되고 보존될 수 있었으며 필사본 역시 장서藏書나 친필 원고의 증가에 엄청난 기여를 했죠. 심지어 당시 고전 문화의 부흥으로 이탈리아 사람들은 동양 문화에 대한 연구를 하기까지 했습니다. 세 번째는 바로 학교와 대학의 발전입니다. 교회법, 민법, 의학 등 3개 과목 수업 외에도 철학, 수사학, 천문학 같은 완전히 새로운 강의가 늘어났죠. 새롭게 생겨한 이 과목들은 모두 로마나 그리스의 고전 학문을 다루었으며 기독교의 잘잘못을 가리기도 했습니다. 그래서 사람들은 이를 '인문 분야' 라고 지칭했습니다. 이때부터 신학의 지위는 추락하기 시작했습니다."

"선생님, 궁금한 게 있어요. 이탈리아에서 유독 인문주의가 번성했던 까닭은 무엇인가요?"

세훈이 화제를 바꿔 질문했다.

"이탈리아에서 인문주의가 매우 번성했던 까닭은 당시의 학자들과 문학 애호가 덕택이었지만, 나는 피렌체 시민들의 인문주의자들에 대한 적극적인 지지를 특히 강조하고 싶습니다. 고전 문화, 곧 고대의 문학과 예술에 대한 그들의 열정과 사랑은 역사상 유례가 없을 정도였어요."

부르크하르트, 르네상스 쇠퇴의 이유를 말하다

부르크하르트가 르네상스 이야기에 흠뻑 도취되어 있는 사이, 서영이 불쑥 끼어들었다.

"선생님, 인문주의는 16세기 이후 쇠락하기 시작하는데, 그 이유를 알려주실 수 있나요?"

"16세기에 들어서자 인문주의자들은 학술적으로든 이론적으로든 대중의 마음을 사로잡지 못했습니다. 게다가 인문주의 계층은 너무 거만해진 나머지 다른 모든 것들을 적대시하고, 한편으로는 걷잡을 수 없이 방탕해

져서 대중들로부터 비난받기 시작했습니다."

"그래요? 역시 제가 생각하는 문인들의 이미지와 많이 흡사하긴 하네요. 문인들은 곧 '풍류객'이기도 하니까요!"

세훈의 이야기에 부르크하르트는 웃음을 터뜨렸다.

"학생 말이 맞습니다. 르네상스 운동은 초창기에 고대의 지식을 얻기 위해서 부득이하게 이 풍류객에게 의지했습니다. 그러나 르네상스 운동이 번성하면서 고대의 권위 있는 작품과 관련 참고 서적뿐만 아니라 심지어 사전에 이르기까지 많은 자료들이 사람들 사이에 퍼졌습니다. 더 이상 그들에게 의지할 필요가 없어진 것이죠. 당시 사람들의 감정 변화는 이러한 고급 문화에서뿐만 아니라 평범한 일상생활에서까지도 분명히 나타나고 있었습니다. 르네상스 시대가 새로운 추세를 맞게 된 것이죠. 사실 르네상스의 주된 흐름은 근대적인 계층의 융화였습니다. 당시 사회에서는 부유하면서도 여가 시간이 많은 사람을 중시했고 가문이나 출신은 중요하지 않았죠. 이러한 상황 속에서 비교적 부유한 이탈리아 평민들의 생활 방식이나 문화 및 교양 수준은 귀족들과 별반 차이가 없었죠. 심지어 그들은 귀족과 완전히 평등한 지위를 얻기도 했습니다. 당시의 귀족이나 기사 계급은 사교적으로 일정한 위치를 차지하고 있었지만 대단히 높은 지위는 아니었습니다. 당시 이탈리아 사회는 이미 서로 다른 계급이 평등한 상태로 자유롭게 했으며, 학술적으로나 문화적으로 있는 그대로의 동맹자를 찾고 있었습니다. 계급이나 계층에 변화가 있을 때 가장 먼저 바뀌는 것은 생활 방식입니다. 나는 모든 근대 국가들 가운데 문명 생활의 관습이 가장 먼저 나타난 곳이 이탈리아라고 생각합니다."

"방금 말씀하신 '문명 생활의 관습'이란 게 어떤 건가요?"

서영이 질문했다.

"바로 여러분들의 일상생활 속에서 나타나는 관습들을 말합니다! 이를 테면 사람들은 신분에 걸맞은 옷차림을 하고, 공공장소에서는 마땅히 예의를 중시하며, 말과 행동을 항상 고상하고 올바르게 하는 것들 말입니다. 다시 말해 사람들의 언어는 이미 사회적 가치를 지니기 시작했고, 즐거움을 위해 사회적 교류를 하면서 능숙한 방법으로 그것을 사용할 수 있었던 겁니다. 당시 모든 유럽 국가들 가운데 이탈리아가 가장 출중했던 부분이기도 하죠. 또한 이런 방면의 변화는 당시 이탈리아 민족이 공통적으로 보유한 일종의 예술적 능력으로 표출되기도 했습니다."

부르크하르트는 학생들이 자신의 말에 집중하고 있는지 살핀 뒤 다시 말을 이었다.

"이탈리아 사람들의 축제가 다른 나라보다 뛰어난 이유는 일단 개인의식이 강했기 때문입니다. 예를 들면 마스크의 발명이라든가 연출의 기교 같은 것들 말입니다. 그다음으로 이탈리아인들은 공연의 토대가 된 시문학을 보편적으로 잘 이해하고 있었습니다. 그렇기 때문에 다른 나라의 사람들보다 그 의미를 쉽게 이해했죠. 하지만 무엇보다 가장 우수한 점은 이러한 공연의 추상적 성질을 인격화했을 뿐만 아니라 다수의 저명한 역사적 인물을 차용해 그것을 표현해냈다는 데 있죠."

르네상스 시대 교회의 실상

"르네상스의 좋은 점에 대해서만 계속해서 말씀하셨는데, 그 시대에 잘못된 점은 없었나요?"

이번에도 서영이 질문했다.

"나는 르네상스를 사랑하고 찬양하는 사람입니다. 하지만 그렇다고 해서 그 시대 전체가 긍정적이었다고 할 수는 없겠죠. 찬란하고 다채로운 문화의 이면에는 어둠이 있기 마련입니다. 이탈리아 사람들은 세상을 알아갈수록 점점 더 현실적으로 변해갔습니다. 근대 유럽에서 처음으로 자유와 필연에 대해 추측한 것도 역시 이탈리아 민족이었죠. 따라서 그들의 종교적 신앙은 흔들릴 수밖에 없었습니다. 다시금 부흥한 고전 문화는 현실적으로 변해버린 사람들을 통해서 종교에 강력한 영향을 미쳤습니다. 바로 종교를 불신하며 미신과 의심을 가지며 사악하게 변한 겁니다."

부르크하르트의 표정은 어두웠다. 자신이 찬미하는 르네상스 운동이 쇠퇴한 이유에 대해 계속 말해야 하는 괴로움 때문이었다.

"인문주의가 극단으로 흐르며, 개인주의가 조장되면서 교회의 수행자나 귀족 군주를 막론하고 하나같이 자신의 욕망을 채우기 위해 향락을 일삼았습니다. 그로 인해 다른 사람들이 고통받는다는 사실을 전혀 개의치 않았죠. 심지어 여론의 비난조차 신경 쓰지 않았습니다. 물론 모두가 그랬다는 건 아니지만 그들 중 일부는 전혀 아랑곳하지 않고 온갖 악행을 저질렀습니다. 하지만 이러한 혼란이 나타난 납득할 만한 이유는 있었죠. 당시 사회는 과도기였기에 기존의 도덕적 기준은 이미 사람들의 마음을 단단히 결속시킬 만한 능력이 없었을뿐더러, 동시에 새로운 사회에 대한 책임감은 아직 나타나지 않았기 때문입니다.”

부르크하르트는 말을 이어갔다.

“하지만 또 다른 방면에서 보자면 상류 계층의 악습, 즉 개인주의가 성행하지 않았다면 위대한 시대가 형성되는 데 하나의 조건이 부족했을 겁니다. 저는 역사학자로서 권력이 죄악이라는 사실을 모두에게 알릴 의무가 있었습니다. 인간이 부도덕한 행위만을 일삼는다면 절대로 행복할 수 없습니다. 순결한 영혼 위에서 깊이, 그리고 영원히 심사숙고하는 사람만이 진정한 행복을 얻을 수 있죠.”

바로 그때 수업종이 울렸고, 부르크하르트는 미소를 지으며 학생들을 향해 말했다.

“여러분, 아직 할 이야기가 많은데 수업이 끝나버렸군요. 더 이상 시간을 뺏을 수는 없으니 오늘은 여기까지 하겠습니다. 잘 있어요!”

오늘 아무런 ‘활약’도 못했지만 마음속 답안을 비로소 찾은 세훈에게는 매우 만족스러운 수업이었다.

헤겔 선생님, 세계사의 발전을 이끄는 것은 무엇인가요?

▶▶헤겔이 대답해주는 '역사철학' 이야기

세계의 역사가 발전했다는 것은 어디에서 알 수 있을까요?

인류가 이전보다 훨씬 살 만한 물질적 환경을 만들었다는 데서 찾을 수 있어요. 좀 더 생활은 편리해졌고, 풍족해졌다는 데서 알 수 있어요.

물질적인 면뿐만 아니라 정신적인 면에서도 알 수 있어요. 예전에는 토템이나 종교 신앙에 얽매였지만 지금은 모두 인간의 이성을 믿으니까요.

자유와 평등이라는 측면에서도 찾을 수 있어요. 예전에는 자유롭지 못하고 평등하지 못한 관계가 많았지만, 지금은 그렇지 않잖아요.

▶▶ 생각해보기 ◀◀

자유의식의 발전 과정을 고찰하는 역사철학이란 과연 무엇일까?

서영은 오늘 꽤 일찍 교실에 도착했다고 생각했는데, 뜻밖에도 이미 수빈이 자리에 앉아 고개를 푹 숙인 채 뭔가를 열심히 읽고 있었다. 서영은 수빈 곁으로 다가가 물었다.

"뭘 그렇게 열심히 읽어?"

"이거? 역사 소설이야. 요즘 수업이 좀 어려워서 읽고 있어. 역사 소설도 생각을 키우는 방법 중의 하나라고 해서 말이야."

수빈의 말에 서영이 피식 웃으며 말했다.

"역사랑 역사 소설이 어떻게 같아! 관찰하는 각드가 완전히 다른데."

"그러니까 어떻게 역사를 관찰해야 하는지 소설을 읽으면서 그 차이를 좀 알아보려고. 역사에도, 소설에도 등장인물이 있잖아. 소설 속 인물에 비하면 실제 역사 속 인물은 훨씬 진중하고 성실한 데다 겸손하기까지 해서 좀 무미건조하더라고."

수빈의 말에 서영이 자기 턱을 만지작거리며 대구했다.

"역사 소설에 나오는 인물은 일단 전부 옛날 사람들이고 아주 오래전 일인데 당시의 자세한 사정까지 어떻게 똑같이 복원할 수가 있겠어? 전부 다 거짓말이지. 허구의 소설 속에서 역사를 관찰하는 방법을 찾는다는 건 진지한 방법이 아닌 것 같아."

서영의 말에 수빈이 반박하려고 입을 떼는 순간, 수업종이 울렸다.

어떻게 역사를 관찰해야 할까?

"여러분, 안녕하세요! 게오르크 빌헬름 프리드리히 헤겔입니다."

엄숙한 표정의 역사학자가 자신의 기나긴 이름을 말하고 난 뒤 웃음을 지었다.

"이름이 좀 길죠? 보통은 헤겔이라고 부릅니다. 사람들은 나를 철학자로 알고 있더군요. 물론 철학자가 맞긴 하지만 나는 역사나 정치와도 어느 정도 관계가 있는 사람입니다. 이 분야들을 연구하다 보면 일정한 공통점이 분명 존재하니까요. 내가 오늘 강의할 내용은 '역사철학'입니다. 무척이나 어렵게 들리죠?"

헤겔은 진지한 표정으로 한 글자 한 글자를 힘주어 낭랑한 목소리로 말했다.

"철학이란 단어는 왠지 '심오하다'는 느낌을 주죠. 게다가 그 앞에 '역사'라는 두 글자까지 덧붙이면 사람들은 도무지 종잡을 수 없다는 반응을 보입니다. 역사철학이란 무엇일까요?"

헤겔은 학생들을 향해 물었다.

"역사철학? 철학의 발전 역사에 대해 말하는 거 아닐까요?"

수빈이 반신반의하며 대답했다.

"그건 철학사야. 역사철학과는 별로 관련이 없어."

서영이 참지 못하고 수빈의 말을 바로잡았다.

"처음 들으면 좀 복잡하게 느껴지겠죠. 역사철학이란 역사와 역사학에 대한 사람들의 철학적 사고를 말합니다. 근본적으로는 인간의 존재에 대한 사고를 의미하죠."

헤겔이 간략하게 정답을 말했다. 하지만 수빈은 그 말을 정확히 이해할 수 없었다. 헤겔은 수빈의 표정을 보고 말했다.

"세상에 손쉽게 이해되는 것은 결코 없습니다. 하지만 일단 올바른 방법을 택하고 나면 그리 어려운 일이 아니죠. 역사를 생각하기 전에 먼저 역사를 관찰하는 법을 배워야 합니다. 여러분에게 역사를 관찰하는 세 가지 방법 혹은 각도에 대해 소개하도록 하죠. 바르 근원적 역사와 반성적 역사, 그리고 철학적 역사입니다. 첫 번째 방법은 근원적 역사입니다. 여기에는 두 가지 명확한 특징이 있습니다. 직접적이며 반성하지 않는다는 점이죠."

헤겔은 마치 앞쪽에 시선을 잡아끄는 무언가가 있기라도 한 듯 그곳을 응시한 채 또박또박 말했다.

"이 방법으로 역사를 연구하는 사람들은 대부분 '자신이 직접 본 행동과 사건, 정황들을 서술하며 자기 자신이 곧 이러한 내용들과 떼려야 뗄 수가 없는 관계'가 됩니다. 이것이 소위 말하는 직접적 특징입니다."

"그렇게 기록된 역사는 사실에 더욱 가까울 뿐만 아니라 풍부하고 섬세한 묘사가 탁월하죠!"

서영의 목소리였다.

"맞습니다. 하지만 그들은 서술자에 그치는 것이 아니라 동시에 참여자이기도 하기에 그들의 생각은 종종 당시의 시대적 한계에 영향을 받습니

다. 이러한 역사 연구의 범위와 그에 사용된 역사적 자료에는 커다란 제약
이 있기 때문에 역사의 시야를 편협하게 만들어버립니다. 아주 협소한 두
루마리 그림에 지나지 않죠. 이렇게 협소한 역사의 두루마리 그림에서 더
많은 것을 얻어내기란 불가능합니다. 반성하지 않는다는 말은, 이러한 방
법으로 역사를 연구했던 학자들은 그저 자신이 직접 관찰한 각종 사건에
대한 생생한 묘사를 남기길 원했다는 뜻입니다. 즉 자신이 소재로 삼은 정
신세계에서 살았기 때문에 그 경계를 뛰어넘지 못했고, 따라서 반성의 필
요성이 조금도 없었던 겁니다. 이러한 특징에는 어느 정도의 진실성이 수
반되기 마련입니다. 그들의 작품을 골똘히 연구한다면 당시의 민족정신과
삶에 대한 깊은 이해가 가능합니다."

헤겔은 천천히 몇 발자국 앞으로 걸어 나가며 말을 이어갔다.

"두 번째 방법은 반성적 역사입니다. 근원적 역사와는 상대적으로, 반성
적 역사는 당시 역사학자들이 살았던 시대를 뛰어넘어 역사 서술 범위가
크게 확장되었으며 자신들이 기술한 역사에 대한 반성을 담고 있습니다."

"선생님, 좀 구체적으로 말씀해주시겠어요?"

설명이 너무 어렵다고 느낀 서영이 말했다. 그러자 헤겔은 아주 정중한 태
도로 대답했다.

"네, 알겠습니다. 이 반성적 역사에는 다음의 네 가지 표현 방식이 있습
니다. 첫째, 반성적 역사는 '일반적 역사'입니다. 역사를 연구하는 사람들
은 소위 말하는 보편적인 역사의 대략적인 내용을 주로 연구하고 자신만의
생각으로 진리를 탐구합니다. 따라서 역사학자들이 각종 행위나 사건의 의
의 및 동기를 서술할 때, 그들의 생각이 서술 원칙에 영향을 미친다는 사실

도 매우 중요합니다. 둘째, 반성적 역사는 '실용적 역사'입니다. 과거와 현재의 관계 해석을 중시하죠. 역사적인 사건이란 서로 제각각이지만 그 속에는 보편적으로 존재하는 내재적 연관성이 있기 마련입니다. 역사학자들이 내재적 연관성을 진정으로 파악할 수 있다면 이러한 반성을 통해 본질을 파악할 수 있을 뿐만 아니라, 현재의 생명력이 충만해집니다. 셋째, 반성의 역사는 '비판적 역사'입니다. 즉 다양한 역사적 기술에 대한 비판이며 그것이 과연 진실한지 혹은 믿을 만한지에 대한 검증입니다. 이를 위해서 역사학자들은 예리한 통찰력을 갖춰야 할 뿐만 아니라 사료의 글자 너머에 숨겨진 더욱 심층적인 사실을 발굴할 수 있어야 합니다."

헤겔은 서영의 표정을 살피며 설명을 이어갔다.

"넷째, 반성의 역사는 '전문적 역사'입니다. 예를 들면 예술사, 법률사, 종교사처럼 각기 다른 영역이 있지만 그것들을 바라보는 관점은 오히려 일관적입니다. 전문적 역사는 가장 본질적으로 철학의 역사를 반영합니다. 즉 이러한 개념을 통해 철학적 역사가 존재하는 겁니다. 마지막으로 세 번째 방법이 철학적 역사입니다."

순간 헤겔의 눈빛이 반짝였다. 수빈은 교단에 서 있는 역사학자의 눈에서 알 수 없는 힘을 느꼈다.

세계정신과 역사철학

"철학적 역사는 역사를 연구하고 관찰하는 가장 최선의 방법이죠. 역사철학은 역사의 사상에 대한 고찰입니다. 흔히 역사와 철학은 전혀 관련이 없는 영역이며 역사란 아무런 사상도 없고 무미건조한 소재일 뿐이라고 생각합니다. 하지만 역사와 철학에는 본질적이며 내재적인 연관성이 존재합니다. 역사철학을 좀 더 정확히 알기 위해서는 '세계는 이성의 지배를 받는다. 따라서 세계의 역사는 하나의 합리적인 과정이다'라는 사실을 반드시 믿어야만 합니다. 이성이란 우주의 시험 문제와도 같습니다. 그 존재와 발전의 근거이기도 하죠. 이성은 우주의 무한한 권력이며 결코 인간의 머릿속에 존재하는 추상적 개념이 아닙니다. 그러므로 세계사의 진전은 하나의 합리적인 과정이며 역사는 이미 인류가 공통적으로 추구하는 자유의 이데아인 '세계정신'의 합리적이고 필연적인 선로에 들어선 것입니다. 이 세계정신의 본질은 영원히 동일합니다. 역사는 우연성으로 가득하지 않으며 우연성의 지배를 받는 영역도 아닙니다."

헤겔은 형형히 빛나는 눈빛으로 학생들을 바라보며 말했다.

헤겔, 세계사 발전의 요소를 말하다

"모든 사물에는 본질적인 어떤 것이 존재합니다. 연구를 수행하면서 이를 잘 파악하면 적은 노력으로 큰 성과를 얻을 수 있습니다. 일반적으로 이러한 본질적인 방면의 어떤 것을 우리는 요소라고 부르죠. 역사학자도 예외는 아닙니다. 세계사의 발전을 이해하기 위해서는 관건이 되는 세 가지 요소를 잘 파악해야 합니다. 첫째, 세계정신의 본질이 자유라는 것입니다.

세계사는 단지 '자유의식'의 발달에 지나지 않습니다. 물질이라는 실체의 본질적 특징은 중력 혹은 지구인력입니다. 이와 반대로 정신의 본질적 특징은 자유입니다. 자유는 정신의 유일한 진리입니다."

"그렇다면 선생님께서 말씀하신 자유란 도대체 무슨 뜻인가요? 정신은 왜 자유롭죠?"

수빈이 물었다.

"물질의 실체는 그 자체와 외부에 있는 사물입니다. 하지만 정신은 자신 스스로에 의지해 존재하죠. 이것이 바로 자유입니다. 물질은 외부의 물체에 의지해 존재하기 때문에 그것을 떠나서는 더 이상 존재하지 못합니다. 이와 반대로 정신은 스스로에 의지해 존재합니다. 우리는 이를 '자아의식'이라 부르죠. 그래서 자유로운 겁니다."

헤겔은 계속 설명을 이어갔다.

"정신의 본질은 자유입니다. 하지만 그렇다고 해서 정신이 진정한 자유를 뜻하지는 않습니다. 이 세상에 존재하는 자유의 본질은 자신을 만들어가는 과정입니다. 끊임없이 연속적으로 이 과정을 거쳐야만 정신은 현실의 자유에 다다를 수 있으며, 그렇지 않다면 그저 본질적으로 자유롭다고밖에 말할 수 없습니다."

"자유는 그저 과정일 뿐 자연적으로 생긴 것이 아니다, 이 뜻인가요?"

서영이 물었다. 헤겔은 서영을 향해 고개를 끄덕여 보였다.

"맞습니다. 자유는 각기 다른 국가들을 거치며 끊임없이 자신을 드러냈습니다. 세계사는 자유의식의 발달입니다. 자유는 그리스 사람들에게서 가장 먼저 나타났지만 당시 자유로운 사람은 소수에 불과했습니다. 그 후 기독교의 영향을 받은 게르만족이 '보편적 자유의식'이라는 원칙을 처음으로 얻게 되었습니다. 인간은 처음 태어나면 자유로운 상태죠. 세계사는 바로 이 의식이 전 세계적으로 널리 퍼지는 과정이었습니다. 물론 간단한 문제는 아닙니다."

혜겔의 말에 서영은 집중하며 듣고 있었지만, 수빈은 아직도 도무지 이해하지 못하겠다는 표정으로 굳어 있었다.

"둘째, 자유관념과 인류의 열정은 세계사의 경위선입니다. 열정은 정신이 자아를 실현하는 도구이자 수단이며 우리가 익히 알고 있는 역사적 영웅들이 바로 세계정신의 대변인이기도 합니다. 예를 들면 알렉산더 대왕이나 율리우스 카이사르 같은 사람들 말입니다. 철학자는 '이성이 세상을 지배한다'고 말했죠. 역사적으로 보면 이러한 논리선상에 있는 것은 추상적 정신 혹은 이성이지, 감성적이고 구체적인 세계사 속에서는 결코 직접적으로 표현되지 않습니다. 감성적인 현실에는 언제나 다양성과 우연성이라는 일면이 존재하기 때문입니다."

"와, 너무 추상적이에요. 무슨 말씀인지 도통 모르겠어요."

서영이 불평을 터뜨렸다. 혜겔은 잠시 수업을 멈추고, 좀 더 쉬운 말을 찾는 듯했다. 한참 후 혜겔이 다시 말을 이었다.

"다시 말해서 추상적이며 보편적인 것은 현실 속에서 완전히 실현되기 어렵다는 뜻입니다. 그리고 인간의 열정에 의해 영향을 받기도 하죠. 즉 열정 없이는 세상의 모든 위대한 일들이 성공할 수 없다는 말입니다. 따라서 우리는 다음의 두 가지 대상을 주시해야만 합니다. 바로 관념과 열정입니다. 이 두 가지가 교차하며 세계사의 경위선이 되는 것입니다. 이성이 자신을 위해 작용하도록 열정을 부추기고 이 열정의 추진을 통해 이성이 실현되는 과정을 저는 '이성의 교활한 계략'이라 부릅니다."

"선생님, 정신은 어떻게 현실 세계에서 자아를 실현하죠?"

수빈이 질문했다.

"역사는 언제나 모순으로 가득 차 있습니다. 세계사에는 우연성과 다양성뿐만 아니라 필연성과 통일성까지 존재합니다. 그리고 무수한 개체로 구성되어 있죠. 이 개체들은 하나하나가 전부 독특한 특성을 지니고 있기 때문에 겉모습은 우연성과 다양성이라는 양상을 띠게 되죠. 또한 세계사는 본질적으로 이성의 지배를 받기 때문에 필연성과 통일성을 갖습니다."

"너무 복잡해요! 분명 서로 반대되는 것들인데 어떻게 함께 존재하죠? 영웅들은 줄곧 역사의 발전 과정에 영향을 미쳤지만, 결국 영웅은 우연히 나타났잖아요. 이건 역사의 필연성과 모순되지 않나요?"

수빈이 다시 물었다.

"문제를 해결하지 못할 때면 사람들은 늘 영웅의 출현을 기대했죠. 영웅이 역사에서 중요한 역할을 하긴 했지만 그들의 모든 행위 역시 세계정신의 구현이었습니다. 어떤 방면에서 보면 영웅을 통해 세계정신이 스스로를 실현했던 겁니다. 따라서 영웅의 중요성은 결코 '역사는 우연적이다'라는 사실의 증거가 아니라 오히려 역사의 필연성을 더욱 강력하게 증명해주는 데 있습니다. 그러므로 영웅이라 할지라도 역시 이러한 필연의 지배에서 벗어날 수는 없습니다."

"그럼 영웅들이 너무 불쌍하잖아요!"

잔뜩 쌓여 있는 중요한 논점들 가운데서 언제나 가장 뜬금없는 하나를 용케 찾아내는 서영이었다.

"그렇게 말할 수는 없습니다. 역사적 영웅들의 선견지명 덕분에 역사 발전의 추세가 예측 가능했고, 이러한 추세를 스스로의 사명으로 여겼기에 세계사 속에 숨어 있던 정신이 궁극적으로 실현 가능했으니까요."

헤겔이 대답했다.

"선생님, 그렇다면 자유는 어떤 형태로 존재하거나 혹은 구체적으로 드러나나요?"

수빈이 다시 질문을 던졌다.

"그 질문에 대한 답이 바로 셋째 요인인 자유관념의 실현이 국가라는 것입니다."

헤겔이 느릿느릿 대답했다.

"정신의 본질은 자유이며 자유의 실현에는 반드시 열정이 요구됩니다. 자유와 열정이 하나로 일치되면 그것이 국가입니다. 앞서 말했듯이 자유라는 개념은 절대적인 최후의 목적입니다. 자유를 실현하는 수단은 지식과 의지의 주관적이고 자유로운 활동입니다. 국가는 도덕 전체이자 자유의 실현인 동시에, 두 가지 요소의 객관적인 일치입니다. 따라서 세계사에서는 하나의 국가를 형성한 민족만이 중점적인 연구 대상이 될 수 있습니다. 종합적으로 말하자면 자유관념은 국가라는 형식을 통해 실현되었습니다."

헤겔은 수빈을 바라보며 이야기를 계속했다.

"이 정도면 학생의 질문에 대답이 되었겠지만 조금 더 보충하겠습니다. '국가가 자유의 실현이다'라는 관점을 비록 내가 제시하긴 했지만, 우리는 이를 변증법적으로 다루고 이해해야만 합니다. 국가가 있기에 세계사가 존재하며 '국가를 자유의 실현으로 여기는 것' 역시 부단히 발전하는 하나의 과정입니다. 서로 다른 국가와 민족의 발전은 객관적인 견지에서 세계사의 진보를 촉진했고, 자유관념의 발전 역시 앞서 말한 것들을 통해 구체적으로 드러났죠."

세계사의 발전 과정

학생들은 헤겔의 설명을 들으며 집중했지만 역사철학을 이해하기는 쉽지 않았다. 학생들의 굳은 표정을 보면서 헤겔은 계속 이야기를 이어갔다.

"세계사의 발전 과정은 자유의식의 발전 과정입니다. 동양에는 자유가 없었고 그리스나 로마에는 일부분의 자유가 있었으며 게르만 세계가 보편적 자유의식의 원칙을 확립했습니다. 세계사의 발전은 동양에서부터 서양으로 전개됐다고 할 수 있죠."

"선생님께서 각 나라의 자유 수준을 결정한 기준은 무엇인가요?"

서영은 헤겔의 사상을 도저히 이해할 수 없다는 얼굴이었다. 이에 차분한 목소리로 헤겔이 설명해나가기 시작했다.

"그 기준은 바로 한 나라 안에서 나타나는 국가와 개인의 관계입니다. 국가는 보편적인 정신생활을 할 수 있는 터전이며, 개인은 태어나면서부터 국가와 관습적이고 신뢰할 만한 관계를 맺습니다. 이를 통해 자신이 현실적으로 국가 안에서 존재한다는 사실을 확신하죠."

"너무 추상적이에요. 무슨 말씀인지 하나도 모르겠어요."

서영은 또 한 번 불만을 터뜨렸다. 서영의 말에 교실 안 친구들은 모두 공감하고 있었다. 헤겔은 학생들의 표정을 다시 살피더니 진지한 목소리로 대답했다.

"분명 이해하기 어려운 문제이긴 하죠. 그럼 세계사의 발전 과정에서부터 시작해야겠네요. 앞서 말했듯 국가는 정신의 본질이며 국가에 속한 개인은 강제적으로 이 본질에 따라야만 합니다. 만약 개인이 독립된 자아 인격과 의식을 갖고 있지 않다면 국가 역시 독립적인 인격을 기초로 하는 헌법을 만들지 못하며, 그렇게 된다면 주관적인 자유는 존재할 수 없습니다. 역사의 경험이 보여주는 바와 같이, 한 부류의 집단이 국가라는 단계에 일찍 진입할수록 역사의 '유년기'에 정체되어 있는 시간은 길어집니다. 이 기나긴 유년기에 부자유스러운 속박이 너무도 완벽하게 발전해버리면 자유는 있을 곳을 쉽사리 찾지 못하게 됩니다. 따라서 그러한 속박을 타파해야 하는 어려움이 비교적 늦게 국가의 단계에 진입한 나라들보다 훨씬 커지는 거죠."

그때 수빈이 고개를 끄덕이며 물었다.

"선생님, 인도가 동양에서는 비교적 일찍 국가를 세운 나라잖아요. 인도를 예로 들어 좀 더 구체적으로 설명해주시겠어요?"

헤겔이 수빈의 말에 눈을 빛내며 대답했다.

"물론입니다! 모든 국가에는 특수성이 있습니다. 인도는 분명 진보적이지만, 사실 이는 인도라는 한계성을 고려했을 때 그 안에서 나름대로의 진보를 이룩했다는 의미입니다. 게다가 인도는 문화적 방면에서 일종의 '충돌'이 있었다는 사실 역시 간과할 수 없는 문제입니다. 자유의 수준에 있어서 인도는 하나로 일치하지 못하고 구별되어 있습니다."

"일치되어 있는지 아니면 구별되어 있는지가 선생님께서 말씀하신 진보인가요?"

서영이 다소 공격적인 말투로 말했다.

"형식상으로는 맞지만 이는 정신적 구별이 아니라 인위적 구별이라는 사실에 주의해야 합니다. 인도 사회는 카스트 제도에 의해 네 가지 계급으로 구별되어 있었죠. 태어나기 전부터 이미 사회적 지위와 역할이 정해져 있습니다. 게다가 한 번 정해지면 절대로 바뀌지 않습니다. 이는 결코 진보라 볼 수 없죠."

"그렇다면 자유의식이 있는 민족이나 국가는 도대체 어딘가요?"

수빈이 물었다.

"고대 유대인들은 유대교를 창건했고 인류는 거기서 맨 처음으로 순수한 정신을 갖게 되었습니다. 그들 정신세계의 절대적인 것, 바로 하나님이었죠."

"나라조차 없는 유대인들에게 자유라는 말을 써도 되나요?"

이 기회를 틈타 서영이 다시 공격적인 태도로 물었다.

"자유라 칭할 수는 없겠죠. 유대인들은 진정한 국가를 형성하지 못했으니까요."

헤겔은 아무런 감정이 드러나지 않은 얼굴로 대답했다.

"이집트인들이 자연의 속박을 정신으로 타파하려 했다는 사실은 스핑크스를 보면 알 수 있습니다. 야수의 몸에서 자라난 인간의 머리는 다음과 같은 의미를 갖습니다. 정신이 단순한 자연에서 스스로 승화하여 그 속박에서 벗어났으며 훨씬 자유로운 상태에 이르긴 했지만, 아직은 완전히 헤어 나오지는 못했다는 뜻입니다.”

“그럼 서양에서의 자유의식은 어땠나요?”

수빈이 질문했다.

“그리스는 세계사의 청춘기였습니다. 그들의 표현은 마치 살아 있는 생명처럼 훨씬 구체적이고 생생했습니다. 그리스에서는 개성이 점차 형성되었고 개인의 자유가 서서히 출현하기 시작했습니다. 그리스의 민중들은 일찍이 원주민과 이민자가 한데 섞여 있었고, 원래 그리스 출신이 아닌 사람들이 각 폴리스의 정치나 경제, 문화의 모든 방면에 걸쳐 많은 공헌을 했죠. 따라서 그리스 사람들은 외부로부터 들어오는 것들을 훨씬 더 잘 받아들였습니다. 하지만 그리스인들의 정신이 높은 수준에 다다르긴 했어도 완벽히 자연의 속박에서 벗어나지는 못했습니다. 그들의 예술은 여전히 외부의 감성 표현을 통해 정신을 드러냈기 때문에 정신이 완전히 자유로웠다고 볼 수는 없습니다. 로마는 역사의 장년기였습니다. 당시 로마는 보편적인 목적을 위해 국가가 존재했고 그 안에 개인은 없었습니다. 개인은 오직 보편적인 목적 안에서만 자신의 목적이 실현 가능했죠. 개인의 목적과 보편적인 목적이 일치했던 겁니다.”

헤겔은 잠시 멈추었다가 말을 이어갔다.

“물론 이는 바람직하지 않습니다. 보편적 목적을 과도하게 강조하다 보면 나중에는 개인의 삶이나 도덕성은 사라지고 개인이 국가의 인질이 되어버립니다. 결국엔 보편적 목적의 희생양으로 전락해버리죠. 하지만 로마 세계의 기독교는 세계사의 발전 과정에 많은 영향을 미쳤습니다.”

"게르만은요? 선생님께서는 왜 그들에게 완전한 자유의식이 있다고 보시나요?"

수빈은 세계사의 발전 과정에서 게르만이 보편적 자유의식을 확립했다는 부분이 잘 이해가 되지 않았다.

"게르만은 세계 역사의 노년기입니다. 생리적인 혹은 자연적인 노년기가 아니라 정신적으로 성숙한 시기였다는 뜻입니다. 이 시기에 세계사와 자유의식이 다시 하나로 일치되었으니까요."

"어떻게 하나가 되었는데요?"

서영이 호기심 가득한 목소리로 묻자, 헤겔은 벽시계를 쓱 보더니 여전히 느릿느릿 말했다.

"우선 게르만 민족이 출현하여 기독교에 귀의한 뒤 서구 사회에 발을 붙입니다. 그다음 교회와 국가의 대립을 겪고 군주 체제를 수립하죠. 마지막으로 종교개혁을 전개하여 자유의식의 원칙을 확립합니다. 역사철학은 여기서 일단락 짓겠습니다. 여러분, 잘 지내요."

헤겔은 고개를 한 번 끄덕이며 황급히 교실 밖으로 걸어 나갔다.

몸젠 선생님, 로마 제국의 멸망을 어떻게 봐야 하나요?

▶▶ 몸젠이 대답해주는 '로마사' 이야기

여러분은 화려했던 로마 제국의 역사를 어떻게 기억하나요?

로마 제국은 엄청나게 영토를 확장했다는 걸로 유명하죠.

로마 제국의 역사는 우리에게 영웅들의 이름으로 잘 알려져 있어요. 그라쿠스, 스파르타쿠스, 카이사르……. 너무도 많죠.

로마 제국이 얼마나 번영했는지는 당시의 유물들을 보면 알 수 있어요.

▶▶ 생각해보기 ◀◀

로마제국의 흥망성쇠를 어떤 시각에서 바라보면 될까?

“여러분, 안녕하세요. 몸젠이라고 합니다. 독일의 역사학자죠. 오늘은 로마사에 대한 수업을 진행하겠습니다. 모두들 진지하게 수업을 들어주세요.”

몸젠의 소개가 끝나자 재준이 시큰둥한 표정으로 말했다.

“선생님, 이제 로마 역사라면 고리타분하고 재미없어요. 좀 더 재밌는 이야기를 들려주실 수는 없나요?”

재준이 턱을 괸 채 볼멘소리로 몸젠이 쥐고 있던 분필을 내려놓더니 몸을 돌려 재준을 바라보았다. 역사학자의 표정은 차분하다 못해 엄숙했다. 몸젠의 굳은 얼굴을 본 학생들은 오늘 수업 분위기가 긴장의 연속이 되리라는 것을 직감했다.

“백발이 성성한 노인네라 다른 사람처럼 젊은이들 입맛에 맞춰 수업을 진행할 수 없습니다. 나는 학자이며, 매우 진중하고 치밀합니다. 수업 방식 역시 마찬가지겠죠. 고리타분하다고 생각된다면 여기서 나가세요.”

몸젠은 다시 분필을 들고, 칠판에 독일어로 ‘로마사’라고 적었다. 몸젠의 말에 기분이 상한 재준은 책상 위에 엎드려버렸다. 그러나 몸젠은 재준의 행동에 아랑곳하지 않고 학생들을 바라보며 차분한 목소리로 말했다.

로마 제국은 어떤 나라였을까?

"그럼 수업을 시작하겠습니다. 로마 제국의 가장 기본이 되는 구성단위는 바로 가족입니다. 가족 구성원은 모두 로마의 시민이었죠. 국가 역시 가족과 마찬가지로 국가에 의탁하거나 혹은 국가에 속한 사람들로 구성됩니다. 간단히 말하자면 '시민'과 '외부인'이죠. 시민은 보호자였고, 시민이 아닌 자들은 피보호자였습니다. 당초 로마는 외부인의 유입을 허가했지만 시민권을 개방하지는 않았습니다. 계속해서 증가한 외부인들은 시민 외에 '평민'이라는 집단을 형성했죠. 외부인을 흡수시켜 시민의 전투력을 높이기 위해 당시 로마는 군사 개혁을 실시했고, 외부에서 온 평민과 국가의 시민을 합쳐서 하나의 민족을 이루었습니다."

몸젠은 아직까지 책상에 엎드려 있는 재준을 한 번 보더니 씁쓸한 표정을 짓고는 다시 말을 계속했다.

"로마는 애초에 왕정을 실시했습니다. 회의에서 선거를 거쳐 왕을 선출했고 국가의 모든 가장家長들로 원로원을 구성했습니다. 또한 시민회의가 있었죠. 이러한 구성 형식이 훗날 로마 제국의 기본 정치 체제가 됩니다. 다시 말해 행정 장관에게는 절대적인 명령권이 있었고, 원로원은 제국의 최고 권력이었습니다. 국가가 어떤 중대한 결정을 시행하려면 반드시 전체 시민의 승인을 거쳐야만 가능했습니다. 기원전 6세기 말 로마 제국의 왕정은 전복되고 로마 제국에는 집정관과 원로원, 그리고 민회로 구성된 공화정 체제가 들어섭니다."

그러자 수빈이 웃으며 입을 열었다.

"선생님, 그 내용은 이미 헤로도토스 선생님께서 다 말씀해주셨어요. 로마 제국의 민주제도 말이에요. 지금 생각해봐도 로마인들의 선견지명이 그저 놀라울 뿐이죠. 비록 현재의 관점으로는 완전한 제도가 아니었지만 그토록 오래전에 민주제도의 장점을 이미 알고 있었다니, 쉽게 지나칠 일이 아니긴 해요."

서영은 민주제도에 대한 선생님의 한바탕 찬사가 이어질 거라 예상했다. 그러나 서영의 생각과는 달리 몸젠은 진중한 표정을 짓고 있었다.

"하지만 그 뒤로 원로원의 권력이 날로 강해졌고 그들은 섭정권 및 각종 안건에 대한 심사와 비준 권한을 누리게 됩니다. 민회에서도 비교적 재산이 많은 사람들이 우선 표결권을 갖게 되죠. 보호성을 띠는 변혁이 실시되었지만 이는 귀족제를 불러온 변혁이었으며, 그 결과 몇몇 소수의 귀족들 손에 거의 모든 정권이 넘어가고 맙니다."

그러자 서영이 조금 놀란 목소리로 물었다.

"그럼 지금까지 이른바 민주제 정부라 불리던 기관들이 전부 유명무실했다는 뜻인가요?"

몸젠은 작게 한숨을 쉬며 말했다.

"그렇습니다. 그 후 토지의 부족과 부채의 부담을 견디지 못한 로마 제국의 평민들이 집단으로 들고 일어납니다. 그들 역시 선거를 통해 자신들의 대표자인 '호민관'과 행정을 집행하는 관리인 평민의 '조영관'을 선출하죠. 호민관이라는 이름이 별로 대단한 관직은 아닌 것 같지만 실제로는 꽤 큰 권력이었습니다. 토지를 분배하고 채무를 없앴으며, 귀족과 평민 간의 통혼을 인정했죠. 표면적으로는 평민과 귀족 간의 싸움으로 보이지만, 이는 사실상 로마 출신과 외부인 사이의 갈등이자 신구新舊 시민 사이의 투쟁이었습니다.”

“결국 최후의 승자는 평민 아니었나요?”

다시 서영이었다.

“그렇습니다. 결국 평민에게 모든 관직이 개방되고, 채무와 노역 제도 역시 폐지됩니다. 모든 평민은 법적으로 평등한 지위를 획득했고 계급 간의 평등이 실현되었죠. 각 계급 사이의 평등이 실현되긴 했지만 그 뒤로 평민 중에서도 상층 계급이 점차 무리에서 벗어나 일부 옛 귀족 세력과 결합하여 신귀족을 형성합니다. 따라서 새로운 정부도 결국 귀족제가 되어버렸죠.”

교실에 순간 정적이 흘렀다.

“폴리비오스 선생님께서 역사는 언제나 순환한다고 하시던데, 정말 평화의 시기는 짧고 갈등은 계속 생기면서 순환하네요.”

서영이 푸념하듯 말하자 교단에 서 있던 몸젠은 진지한 얼굴로 말을 이어갔다.

“로마 제국의 진실, 이것이 바로 오늘 역사 수업의 목적입니다.”

서영은 마음속으로 생각했다.

‘맞아, 이 세상에 가장 훌륭한 국가나 가장 완벽한 제도란 근본적으로 존재하지 않아. 아무리 선진적이고 체계적이라 할지라도 결점과 폐단은 있기 마련이니까. 오늘 몸젠 선생님의 수업은 정말 큰 가치가 있어. 덕분에 내가 여전히 진리를 탐구하고 싶어 한다는 사실을 알았으니까.’

로마 제국 번영의 진실

"제도적 결함들이 로마 제국의 발전에 영향을 미치지는 않았습니다. 이후의 상황에 대해서는 여러분도 익히 알고 있겠죠. 로마 제국은 오랜 기간 다른 나라들과 끊임없이 전쟁을 벌였고 결국엔 승리했습니다. 그리스나 이탈리아 같은 국가들이 로마 앞에 무릎을 꿇었죠."

"제 기억으론 로마가 지중해로 점점 확장하며 몇몇 그리스의 왕들과 충돌했던 시기가 기원전 2세기 초였어요. 그때가 로마 제국의 전성기라 할 수 있었죠. 온 유럽을 통틀어 적수가 없었으니까요!"

서영이 몸젠의 말을 이어받아 말하자, 몸젠이 뭔가 언짢은 듯한 표정으로 말했다.

"하지만 기원전 2세기 로마 제국이 밖으로 세력을 확장하면서 내부에는 갖가지 갈등과 문제점이 나타나기 시작합니다. 이는 훗날의 개혁과 더 나아가 내전의 도화선이 되기도 했죠."

"어떤 갈등이었는지 구체적으로 말씀해주시겠어요?"

서영이 다시 물었다.

"정복한 지역을 어떻게 통치해야 하느냐, 이것이 당시 로마의 가장 큰 골칫거리였죠. 특히나 토지겸병土地兼幷이 점점 심해지면서 로마 내부의 원로파와 민주파 사이의 분쟁은 극한으로 치달았습니다. 노예들의 처지는 훨씬 더 처참했고요. 다시 말해 직접생산자 계급과 자본소유자 사이의 갈등이 심화되면서 로마 제국 내부에는 이미 폭력의 씨앗이 잉태되고 있었던 겁니다. 그 뒤로 민주파의 지도자였던 그라쿠스가 호민관의 관직을 맡으면서 개혁을 실시합니다. 관련 법률을 제정해 토지 점용 면적에 제한을 두었고 그의 의도대로 정부는 3인 위원회를 조직해 빈민들에게 토지를 분배하죠. 이밖에도 병역 복무 기간을 줄이고 시민들이 제소할 수 있는 권리를 보장하는 등 수많은 민주화 방안을 내놓습니다.”

“그라쿠스의 그러한 개혁 정책은 귀족들의 이익과 상충되지 않았나요? 귀족들이 과연 동의했을까요?”

서영이 또 묻자 몸젠이 갑자기 큰 목소리로 대답했다.

“원로원과 그라쿠스의 충돌이 바로 그래서 발생한 겁니다! 원로원의 늙은이들은 그라쿠스에게 ‘왕이 되려 한다’는 죄명을 뒤집어씌우고 그를 사지로 몰아넣습니다. 하지만 그라쿠스는 결코 물러서지 않았죠. 토지 개혁을 기반으로 영세농의 이익을 보호해주고 그들로 구성된 시민병을 다시 부활시키려 하는 등 자신의 소신대로 정책을 실시합니다. 또한 당시 로마의 정치 체제에서도 철저한 개혁을 시도했습니다. 원로원 다음가는 신분인 기사 계급의 정치와 경제적 지위를 향상시켜 원로 귀족들에게 큰 타격을 주고, 심지어 로마가 정복한 이탈리아인과 라틴인들에게도 시민의 권리를 줄 것을 제의했습니다.”

“그래서 결과는 어땠나요?”

서영이 궁금해 죽겠다는 얼굴로 물었다.

“유감스럽게도 그라쿠스는 잔인한 현실을 맞닥뜨리게 됩니다. 그라쿠스의 모든 정책은 귀족들의 분노를 샀고, 결국 피비린내 나는 살육이 벌어져 그라쿠스와 그를 따르던 무리들은 전부 죽고 맙니다. 공든 탑이 모조리 무너져버린 거죠. 한바탕 피바람이 불고 난 뒤 귀족들은 다시 새롭게 통치권을 회복합니다."

"비극이네요!"

"네, 모두가 영원히 잊지 못할 비극이었죠."

"그다음은요? 로마 제국의 상황은 그 후로 점점 나빠지나요?"

서영이 또다시 질문을 해댔다.

"그 뒤에 가리우스 마리우스라는 인물이 모병제를 실시합니다. 간단히 말하자면 순수한 시민들로 이루어졌던 로마 제국의 군대가 급여와 보급품, 그리고 전리품을 받는 철저한 직업 군인들로 전환됐다는 것을 의미합니다."

"지금의 군인과 비슷하다는 뜻이네요?"

"그렇습니다. 훗날 이 군인의 무리가 공화제를 전복시키는 주요 수단이 됩니다. 비록 일부에서 타협적인 성격을 띠는 개혁을 추진해 기사와 평민, 원로원 및 부유한 계층들을 중재하고 로마 시민과 이탈리아 동맹자들 간의 갈등을 해결해보려는 시도를 했지만 별다른 성과는 없었습니다. 이미 로마 사회의 내부 갈등이 손을 쓸 수 없는 단계에 이르렀으며 막다른 곳에 몰려 있었죠. 거기다가 계속되는 불공평한 대우를 더 이상 두고 볼 수 없었던 이탈리아인들이 반기를 들고 일어나 로마의 시민권을 요구했습니다. 그 후 외부에서 적들이 침입합니다. 로마 패권에 대한 커다란 위협이자 도전이었죠. 로마는 안간힘을 다해 외부 적들과의 전쟁에서는 승리하지만 곧이어 참혹한 내전에 휩싸입니다. 최고 권력자의 자리를 차지하기 위해 귀족파의 군대, 민주파의 군대가 차례로 로마를 공격했고, 그들은 일단 로마에 진입하면 제거해야 할 정적의 명단을 펼쳐들고 무참한 살육을 저질렀습니다."

"결국 최후의 승자는 누구였나요?"

"귀족파인 술라가 승리합니다. 그는 호민관과 민회의 권한을 축소하고, 원로원의 권한을 강화하는 등 독재관을 자임했습니다. 하지만 그 후 10년 동안 로마의 명맥을 건드릴 만한 엄청난 일들이 발생해 로마는 한 치 앞을 내다보기 힘들어졌습니다. 민주파의 지도자였던 레피두스가 술라의 체제에 반대하며 폭동을 일으켰고, 세르토리우스가 이베리아 반도인 히스파니아에서 독립을 선포하며 술라에 반대하고 나섭니다. 동시에 이탈리아 본토에서 대규모 노예 반란이 일어나죠. 이 노예 반란을 이끈 지휘자가 바로 스파르타쿠스였습니다. 로마 제국의 근간을 흔들어놓을 정도로 엄청난 반란이었죠. 이밖에 다른 국가들과 로마 사이의 교전도 끊임없이 계속되었습니다."

그때 서영이 다시 끼어들었다.

"로마 제국은 겉으로 보기에 번영과 발전을 누렸을 것 같은데, 선생님 말씀을 듣고 보니 실제로는 수년 동안 안팎으로 전투가 벌어지며 조용할 날이 없었네요."

몸젠은 고개를 끄덕였다.

몸젠, 로마 제국의 흥망성쇠에 대해 말하다

"여러 가지 문제와 위험들이 결국은 귀족정부에 의해 하나하나 해결되긴 했지만 이것으로 귀족들에 대한 신임이 두터워지지는 않았습니다. 외부로 향하는 힘이 강화되지도 않았고요. 사실상 로마 과두정치의 종말이 도래했으며 혁명적인 군사독재정치가 출현한 것입니다. 술라의 체제가 끝나고 난 뒤 로마에는 세 명의 군사 실력자가 등장합니다. 바로 카이사르, 크라수스, 폼페이우스입니다. 이들은 '삼두동맹'을 맺고 권력의 빈자리를 차지합니다. 크라수스는 사실상 양팔 저울의 추 같은 존재였고, 진정한 경쟁자는 폼페이우스와 카이사르였죠. 이 두 사람은 국내에서뿐만 아니라 나라 밖에서도 군사적으로 충돌했습니다. 폼페이우스는 로마 동부의 영토를 확장했고, 이에 질세라 카이사르는 로마의 서부 국경선을 라인 강까지 넓혔습니다. 크라수스가 세상을 떠나자 삼두동맹은 와해되고 카이사르와 폼페이우스의 관계 역시 완전히 깨집니다. 두 사람은 로마의 통치권을 차지하기 위해 공격을 감행하고 결국 카이사르가 폼페이우스의 공화파共和派에게 완벽한 승리를 거두죠."

몸젠은 잠시 말을 멈추고 숨을 골랐다.

"내가 쓴《로마사》에는 여러 부분에 걸쳐 로마인들의 성격을 자세히 묘사했습니다. 그들은 마치 자식이 아버지에게 그러하듯 국가에 충성하고 복종하는 사람들이었습니다. 역사상 많은 국가들과 마찬가지로 로마 제국 역시 처음엔 미약했다가 점차 강대해진 나라였습니다. 하지만 이 강대함 뒤에는 국가 내부에서 끊임없이 발생하는 새로운 문제들과 수구 세력의 완강한 반발이 존재했습니다. 시민회의 주권은 본래의 훌륭한 취지를 잃어버린 채 몇몇 사람들의 뜻을 관철시키기 위한 수단으로 전락해버렸고, 공정해야 하는 원로원 역시 귀족 과두정치의 성행에 따라 독립적인 기구에서 사리사욕을 채우기 위한 장소로 변해갔습니다. 동시에 군인들은 점점 더 독립적인 세력이 되어갔으니까요. 전쟁이 얼마나 어렵고 힘든 문제인지 가히 짐작이 가나요?"

"그럼 선생님 말씀은 우리가 지금껏 알고 있던 로마 제국의 강대함이 사실은 허울 좋은 번영이었단 뜻인가요?"

서영이 놀라서 물었다.

"바로 그겁니다. 하나의 정권이 통치력을 잃기 시작하면 그것은 이미 정통성이 없습니다. 힘을 가진 자가 정권을 전복시키면 그 사람이 새로운 권력자가 되죠. 나는 전제주의에 반대했습니다. 몹시 정밀한 기계를 갖고 있기보다는 그 기계로 발견한 작디작은 유기체 하나가 훨씬 더 중요하기 때문이죠. 비록 결함이 있을지라도 사람들에게 자유 권리를 보장해줄 수 있는 법이 있다면 그것이 전제주의보다 백배는 낫습니다. 전제주의가 아무리 뛰어나고 아무리 인도적이라 해도 말입니다. 전자는 끊임없는 발전이 가능하지만, 후자는 일단 한 번 정해지고 나면 절대 바뀌지 않으니까요."

《로마사》가 노벨상을 받은 이유

"저는 선생님의 작품이 너무 융통성이 없다고 생각했었는데, 오늘 수업을 듣고 나서 생각이 많이 바뀌었어요. 저는 역사도 공부하고 동시에 정치도 관심이 많은 사람이라면, 쾌활한 성격이거나 개방적일 모습은 없을 거라 생각했어요. 그리고 그런 사람이 쓴 책이라면 분명 고리타분하다고 생각했죠."

서영의 말에 몸젠은 호탕한 웃음을 터트렸다. 그리고 다시 진지한 표정으로 말을 이었다.

"학생의 추측은 어느 정도 일리가 있습니다. 나는 농담을 그리 좋아하지 않습니다. 하지만《로마사》는 딱딱하고 재미없는 책이 아닙니다.《로마사》를 쓸 때 아주 폭넓은 일반적인 독자를 대상으로 삼았습니다. 많은 서술을 하면서 주석은 되도록 줄였고, 유려한 필체로 인물들의 형상을 간결하고 세련되게 묘사하는 데 중점을 두었습니다. 그래야 독자는 깊이 감동받고 책에 몰두할 수 있으니까요."

그때 불쑥 재준이 말했다.

"그럼,《로마사》를 한번 읽어봐야겠네요."

수업 시작과 동시에 책상에 엎드려 있던 재준은 언제부터인지 몸젠의 수업에 열중하고 있었다. 몸젠이 지긋이 웃으며 말했다.

"재준 학생이 관심을 가져주니 기분이 좋군요. 역사학자는 역사를 집필하면서 마주하게 되는 모든 인물에 대해 애증의 감정을 품을 수밖에 없습니다. 대부분은 자신이 살고 있는 사회나 더 나아가 정치판에서 직접 겪은 경험을 바탕으로 역사를 써 내려가기 때문입니다. 나 역시 그런 역사학자 중 한 명입니다. 하지만 나는 고리타분한 표현보다는 좀 더 근대적인 어휘를 사용해 현실 사람들에게 가까이 느껴지게 했습니다. 예를 들면 '집정관'은 '시장市長'으로, '로마 귀족'은 '토지 귀족'으로 표기했죠. 이밖에도 고대의 역사학과 문학을 서로 결합시키는 전통을 되살려 예술성과 과학성을 완벽하게 통일시켰습니다. 혹자는 나에게 역사를 대하는 태도가 진지하지 못하다고 말했지만 나만의 글 쓰는 스타일은 폭넓은 독자들에게 사랑을 받았습니다. 노벨 문학상이 바로 그 증거죠! 예술과 역사의 결합이 사람들의 흥미를 불러일으키는 힘을 준 겁니다!"

몸젠의 말에 세훈이 목소리를 높여 말했다.

"맞아요! 역사를 쓰는 이유는 후세 사람들에게 보여주기 위해서죠. 그런데 정작 사람들이 읽지도 않고 또 이해조차 하지 못한다면 아무리 많은 기록을 남긴다 한들 폐지 뭉치밖에 더 되겠어요? 선생님, 정말 감사합니다. 저희는 모두 선생님을 지지해요!"

그때 수업종이 울렸다. 몸젠은 웃으며 다음을 기약했다.

"여러분, 아쉽지만 오늘은 여기까지 하겠습니다. 또 만나요."

몸젠은 마지막 인사를 하고 교실을 나갔다.

베버 선생님, 동서양의 종교와 경제의 역사적 차이는 무엇인가요?

▶▶ 베버가 대답해주는 '사회학' 이야기

자본주의는 왜 서양에서 먼저 시작되었을까요?

서양의 나라들은 나라 간 무역을 많이 해왔어요. 상인이 많았고, 무역도 활발했기 때문에 자본주의가 싹텄다고 생각해요.

서양에서는 청교도들이 돈을 벌고 일하는 것을 소명으로 삼았다고 알고 있어요. 그것이 씨앗이 된 게 아닐까요?

동양은 정신적으로는 뛰어났지만, 물질적인 욕심이 없었어요. 그래서 무엇을 사고파는 것에 관심을 두지 않아 자본주의가 시작되지 못했다고 생각해요.

―――――― ▶▶ 생각해보기 ◀◀ ――――――

동양과 서양의 경제관 차이는 어디에서부터 시작된 걸까?

쉬는 시간, 채원은 홀로 교실에 남아 지난 역사 수업을 복습하는 중이었다. 세계사를 읽던 채원의 머릿속에 갑자기 어지러운 생각들이 떠올랐다. 동양과 서양의 문화는 왜 이렇게 차이가 있었을까? 서양에서는 그토록 일찍부터 자본주의가 발달했는데, 동양의 자본주의 국가는 왜 지금까지도 그 수가 많지 않을까? 채원이 이런저런 생각에 빠져 있는 사이 수업종이 울렸고, 학생들은 하나둘 각자의 자리로 돌아갔다. 왁자지껄하던 복도는 순식간에 쥐죽은 듯 조용해졌다.

자본주의는 왜 서양에서부터 발전하기 시작했을까?

"여러분, 안녕하세요. 베버라고 합니다. 독일의 경제학자이자 사회학자죠. 오늘은 내가 수업을 맡았습니다."

"선생님, 지금은 역사 시간인데요? 경제학과 사회학은 역사 수업이 아니잖아요. 잘못 들어오신 것 같아요."

세훈이 좀 이상하다는 얼굴로 묻자 베버는 빙긋이 미소를 지으며 대답했다.

"학생은 역사가 어때야 한다고 생각합니까? 위대한 제왕과 전설이 있는 오래된 이야기가 역사인가요? 군사와 정치로 이루어진 내용을 담고 있어야만 역사라고 생각하나요? 그렇다면 잘 알아두세요. 과거에 발생한 모든 일은 역사가 될 수 있습니다. 과거 왕조의 흥망성쇠가 역사 속에 등장한다는 사실은 지극히 자연스럽습니다. 그러나 그것이 절대로 역사의 전부는 아닙니다. 군사와 정치 그리고 인물의 생애라는 관점에서 역사를 볼 수 있지만 정치와 체제, 경제와 제도 등 기타 방면에서도 역시 역사를 기록할 수 있습니다. 내가 오늘 여기 온 목적은 여러분에게 완전히 새로운 각도에서 역사를 보는 방법을 알려주기 위해서입니다."

베버의 말이 끝나자마자 채원은 쉬는 시간에 홀로 골똘히 생각하던 문제를 끄집어냈다.

"선생님, 동양과 서양의 문화가 왜 그토록 큰 차이가 나는지 설명해주시겠어요? 그리고 서양의 많은 국가에서 발전하기 시작한 자본주의는 왜 동양에 큰 영향을 미치지 못했나요?"

"혹시 역사 교과서에 나와 있는 문제인가요?"

"아니요, 아까 세계사를 복습하다 갑자기 생각났어요."

베버는 채원을 한번 보고는 말했다.

"어린 학생이 이런 '고차원적'인 문제를 떠올리다니 놀랍군요. 좋습니다. 학생의 수준에 맞춰 오늘 강의 내용을 약간 조정하도록 하죠. 일단 방금 그 질문에 대해 먼저 대답하겠습니다. 자본주의가 서양에서 먼저 성공을 거둔 까닭은 기독교 및 신교도인 프로테스탄트와 밀접한 연관이 있습니다."

"그렇다면 자본주의의 발전이 종교와 관련 있다는 뜻인가요? 그 두 가지는 아무런 연관도 없어 보이는데요!"

이번에는 서영이 의아하다는 듯 물었다.

"오랜 시간에 걸쳐 자세히 연구해보면 다음과 같은 사실을 알 수 있습니다. 종교가 뒤섞여 있는 국가에서 직업 상황에 대한 통계를 내보면 자본가와 상공업계 경영자들, 그리고 근대 기업의 고급 노동자들 중에서도 특히 경영관리와 관련된 고급 훈련을 받은 관리자들의 절대 다수가 프로테스탄트입니다. 자본주의에 대한 사람들의 관념이 깊어질수록 이러한 현상은 더욱 뚜렷해지죠."

"왜죠?"

서영이 궁금하다는 듯 물었다.

"천주교는 내세를, 프로테스탄트는 현세를 중시했다는 사실이 표면적인 이유입니다. 하지만 놀랍게도 이 두 가지는 서로 연관되어 있었습니다. 이제부터 그 이야기를 할게요. 고행하며 극도로 성스러운 생활을 하면서도 많은 돈을 벌고 뛰어난 수단을 가진 사람들이 있었습니다. 그래서 사람들은 이런 추측을 합니다. 금욕주의나 내세를 중시하며 종교적으로도 성실한 쪽과 몸소 자본주의를 실천하는 또 다른 쪽이 내면적으로 서로 충돌하는 와중에 결국 둘 사이의 관계가 매우 밀접하다는 사실을 그들이 알게 된 겁니다. 그래서 적극적이고 진취적인 정신이나 고된 노동의 정신, 아니면 그 어떤 정신이 되었든 간에 이러한 정신 안에서의 깨달음이 모두 프로테스탄트 덕분이며, 삶의 쾌락보다는 더 차원 높은 종교적인 믿음을 위해 이러한 정신들을 추구해야 한다는 결론에 이릅니다. 그 후 자본주의 정신이 출현하면서 프로테스탄트에게 모든 공이 돌아가게 되죠."

"자본주의 정신이요?"

서영이 물었다.

"그렇습니다. 당시 서양 사람들이 간절히 찾아 헤매던 대상은 바로 자본주의 정신이었습니다. 모든 사람들이 자신의 자본을 늘리길 원했고 심지어는 그것이 자신의 책임이라고 생각했으니까요. 만약 이런 관념을 갖고 있지 않으면 책임감이 없거나 자기 자신에게 무책임한 사람으로 여겨지곤 했습니다. 이렇게 독특한 논리와 생활태도가 바로 자본주의 정신을 형성했습니다. 다시 말해 자신의 자본을 늘리기 위한 각종 노력을 마땅한 소임이라 생각했고, 이런 상황에서 돈을 버는 행위는 자연스레 사람들의 목표이자 책임이 되었죠. 게다가 당시에는 돈을 많이 버는 사람을 도덕적으로도 훌륭하고 능력이 뛰어난 사람으로 여겼습니다."

"그럼 돈의 많고 적음이 도덕성과 능력에 비례했다는 뜻인가요?"

이번엔 세훈이었다.

"거의 가깝습니다. 이는 자본 계급 문화의 사회 이론에서 가장 대표적으로 나타나는 것이니까요. 어떤 각도에서 보면 자븐 계급 문화의 기초이기도 합니다."

합리적 자본주의

"여기에는 남의 재물을 약탈하거나 비열한 수단으로 긁어모든 자본도 포함되나요?"

자본가에 대한 이미지가 그다지 좋지 않던 세훈은 일부러 이런 질문을 던졌다. 베버는 세훈의 물음에 조금은 엄중한 목소리로 대답했다.

"학생의 눈에는 모든 자본가들이 그렇게 보입니까? 그런 수단으로 번 돈을 어떻게 포함시키겠습니까? 내가 한 말은 합당한 수입과 지출이라는 상황을 전제로 이치에 맞게 이루어진 생산 활동을 뜻합니다. 게다가 이러한 현대의 합리적 자본주의 행위는 프로테스탄트의 질서 정연하고도 체계적인 생활 방식과 완전히 일치했습니다. 프로테스탄트의 금욕주의 이론은 자본주의 기업가들에게 도덕적인 역량과 추진력을 제공했고, 덕분에 합리적 자본주의 정신의 원동력이 형성되었습니다. 동시에 이는 현대 자본주의가 생겨나기 위한 주요 조건 중의 하나이기도 했죠."

베버의 목소리는 점점 커지고 있었다.

"그래서 합리적 자본주의는 서양에만 존재할 수 있었습니다. 이미 서양에는 일찍부터 합리주의가 생겨나 있었습니다. 고대 그리스의 민주제도에서부터 수표와 증권, 채권에 이르는 모든 것은 합리화된 서양 사람들의 산물입니다. 심지어는 합리주의가 모든 서양 문명의 전통이자 그들 정신의 핵심이라고도 말할 수 있습니다. 서유럽 프로테스탄트 개혁의 본래 동기는 종교로부터 벗어나는 것이었죠. 프로테스탄트 윤리에서 드러나는 금욕 정신과 합리적인 윤리 생활 같은 개념 역시 무의식중에 경제활동의 확대를 촉진시켰습니다. 간단히 말해 자본주의 상업을 '기차'에 비유한다면, 프로테스탄트 윤리 개념은 바로 '철도의 레일'에 해당합니다. 하지만 동양의 불교나 도교 같은 종교는 커다란 개혁을 거친 적이 없었죠. 하늘의 법칙이나 왕도王道, 복종이나 고된 수행 등을 강조하는 그들의 이념 역시 서양의 종교와는 매우 현저한 차이가 있습니다. 이들 종교 사상의 핵심은 합리적 이성

202

사상이 아니었기 때문에 종교 윤리 정신이 그 민족들에게 자본주의를 전하는 데 매우 큰 걸림돌이 되었던 겁니다."

베버는 여기까지 소리 높여 말하고는 서훈을 한번 바라보았다. 세훈이 자신의 말을 집중하고 있는 모습에 기분이 얼마간 풀렸다.

"앞서 말한 내용을 종합해보면 이제 여러분이 이해한 자본주의 정신은 금욕주의 프로테스탄트로 거슬러 올라가 특히나 칼뱅주의로부터 발전한 윤리 준칙입니다. 자본 계급 상인은 자신들이 하나님의 은총을 충분히 누리고 있으며 하나님의 축복을 확실히 얻었다는 사실을 의식했습니다. 그들은 자신이 표면적으로 올바르고 신분에 걸맞으며 도덕적 행위에 있어 오점이 없고 재산을 사용할 때 사람들의 비난을 받지 않는다면, 금전이 가져다주는 이익을 마음껏 누려도 된다고 생각했습니다. 이것이 일종의 책임이라고도 여겼고요. 또한 종교 금욕주의의 역량은 그들에게 절제하고 근면 성실한 태도를 가진 노동자를 제공해주었습니다. 노동자들은 자신의 일을 하나님이 부여한 인생의 목표와 동일하게 여겼으니까요."

"자본주의의 장점이 이렇게나 많은 줄은 몰랐어요!"

베버의 말에 세훈이 감탄하며 외쳤다. 베버는 완전히 마음을 진정하고는 웃으며 말했다.

"물론 그렇긴 하지만 자본주의가 완전무결하다는 뜻은 아닙니다. 자본주의 역시 겉으로 드러나지 않은 폐해가 있죠. 앞서 내가 했던 이야기를 통해 이제 여러분도 알게 되었지만, 자본주의라는 '경제 장치'가 만들어낸 경쟁 메커니즘은 불가항력이었습니다."

"더 잘되지 않았나요? 경쟁을 해야 성과가 나오죠!"

세훈이 말했다.

"그렇기는 하지만 너무 과열된 경쟁은 좋은 일이 아니죠. 청교도를 예로 들면, 그들은 처음에는 신의 뜻에 순종했고 자신의 천직에 책임감도 있었습니다. 하지만 경쟁이 심해지자 마음속 책임감은 점점 줄어들기 시작했습니다. 현대 사회에 이르자 그러한 숭고한 책임감은 도태된 자아의식과 세속적인 경제 본능을 피하려는 것으로 이미 퇴화되었죠. 따라서 본래의 종교 윤리와 신앙의 기초는 더 이상 존재하지 않게 되어버린 겁니다. 개인적으로 문화의 발전이 마지막 단계에 이르면 전문가들의 영혼이 없어지고 무절제한 사람들의 양심이 사라지지만, 자본주의 사상을 가진 사람들은 오히려 이런 문화를 역사상 유례없는 수준의 발전으로 여긴다고 봅니다."

베버, 중국의 종교 사회에 대해 말하다

"결국 선생님께서는 자본주의에 대해 특히 비관적인 견해를 갖고 계셨군요! 선생님, 방금 동양의 종교에 대해 이야기하셨잖아요. 그럼 '합리주의'와 '자본주의'의 차이에 대해서도 잘 알고 계시겠네요. 동양의 종교를 어떻게 생각하시는지 구체적으로 말씀해주세요. 외국인의 눈에는 동양의 종교가 어떻게 비춰지는지 궁금해요."

동양과 서양에서 자본주의 발전이 다른 것에 관심이 많았던 채원이 질문했다.

"나는 동양, 특히 중국의 종교에 대해 큰 관심을 가졌습니다. 이를 주제로《중국의 종교》라는 책을 썼죠. 이 책에서 중국과 서유럽 종교가 어떻게 다른지 자세히 기술했습니다. 특히 청교도와 비교해서 말입니다. 아까도 말했듯이 나는 책 속에서 다음과 같은 문제를 제기했습니다. '자본주의는 왜 중국에서 발전하지 못했는가?' 이 질문의 해답을 찾기 위해 중국 초기의 역사, 특히 제자백가와 전국시대를 주의 깊게 살펴보았습니다. 중국의 유교와 도교 사상이 막 싹트기 시작하던 시기였죠."

채원은 베버의 말에 더욱 집중하며 수업을 들었다.

"기원전 200년, 이미 중국의 국가 체제는 비교적 느슨했던 분봉제分封制 연방 국가에서 통일된 왕위세습제로 발전하고 있었습니다. 당시의 유럽과 마찬가지로 중국의 도시들 역시 지도자의 거주지와 요새를 갖추고 무역의 중심지가 되었습니다. 하지만 이 시기의 중국과 유럽에는 아주 큰 차이점이 있었죠. 중국은 정치적 자치권이 없었고, 민중 역시 그 어떤 정치적 권력도 갖지 못했다는 점입니다. 그 원인은 당시의 파벌 관계가 아주 심각했기 때문이죠. 이러한 원칙은 중국 종교의 전통 관념으로부터 나온 것이었습니다. 민간의 각기 다른 직종들은 황제의 총애를 얻고자 서로 경쟁했기 때문에 황제로부터 정치적 권리를 쟁탈하기 위해 하나로 뭉칠 생각 같은 건 아예 하지 않았습니다. 이것이 바로 유럽에서처럼 특별한 사회 계급이 중국 사람들에게 형성되지 못했던 이유입니다.'

그때 서영이 짐짓 학자 같은 태도로 끼어들었다.

"당시 국가가 통일된 후 관료제가 수립됐고 중국 사회는 토지의 분배가 아닌 관직의 분배를 위해 투쟁했어요. 게다가 관직에 오른 자들이 전부 훌륭한 사람은 아니었죠. 횡령을 일삼고 뇌물을 받아 챙기다 보니 전국 세수의 절반 이상이 그들의 호주머니로 흘러 들어갔어요. 하지만 황제나 정부 관계자들은 여전히 이런 관리들에게 의지해야만 했죠. 상황이 이 지경인데, 백성들의 사상이 발전한다면 그게 더 이상하지 않나요?"

베버가 서영의 말에 고개를 끄덕였다.

"옳은 말입니다. 당시 중국의 유교는 수많은 민간 교파에 대해 매우 관용적인 태도를 취했으며 그것들을 하나로 통합해 독자적인 종교 교리를 세우려고도 하지 않았습니다. 당시의 유교는 사람들에게 이 사회, 혹은 이 세계와 맞서지 말고 최대한 복종하라고 가르쳤죠. 자신의 생각이나 행동이 세상과 부합하지 않는다면 즉시 바꿔야만 했습니다. 내가 가장 이해할 수 없었던 부분은 당시의 유교가 갖고 있던 다음과 같은 사상 이념이었습니다. 수준 높은 지식인이라면 황금 보기를 돌같이 하라! 도대체 돈이랑 무슨 원수가 졌기에 이런 이념을 신봉합니까? 그렇기 때문에 당시 중국의 상인들은 아무리 많은 돈을 가졌다 한들 국가의 공직자에 비해 지위가 한참 낮았죠."

"사농공상士農工商, 이것이 당시 전통 사회의 지위 서열이었죠. 선생님뿐만 아니라 동양인인 저도 지금껏 이해가 되지 않는 부분이에요."

세훈은 자신이 아는 이야기가 나오자 가까스로 기회를 잡아 주저 없이 큰 소리로 외쳤다.

"그뿐만 아니라 종교의 체제에 있어서도 중국과 서양은 큰 차이를 보입니다. 중국의 종교에는 선지자나 큰 권력을 쥔 승려 혹은 그에 상응하는 계급이 없었습니다. 설령 가장 높은 지위의 승려라 할지라도 그 역시 황제의 뜻에 복종했습니다. 다시 말해 진정한 종교의 통치자는 바로 황제였다는 뜻입니다. 유교에 따르면 위대한 신을 우러르는 것은 정부가 마땅히 해야 할 일이며, 자신의 조상을 우러르는 것은 인간으로서 마땅히 해야 할 일이라고 했습니다. 또한 유교는 수많은 민간 신앙의 존재를 인정했습니다. 신비주의나 심지어 무속까지 인정했던 까닭은 그것들이 군중을 통제하는 데 도움이 되었기 때문입니다. 만약 이러한 종교들이 원래의 질서를 위협했다면 당연히 유교 역시 그들을 비난하고 억압했겠죠. 이와 반대로 유럽은 교회가 당시의 통치자를 제압했을 뿐만 아니라 통치자를 포함한 모든 국민들의 신앙이 하나로 통일되어 있었습니다."

베버는 숨을 고르고는 다시 말을 이었다.

"따라서 당시 중국에는 분명 자본주의 경제 발전에 유리한 요소가 존재했음에도 불구하고 종교의 부정적인 영향을 넘어서지는 못했던 겁니다. 일단 종교는 기술적인 개혁의 실행을 반대했습니다. 선조들에 대한 불경이며 지하에 잠든 조상에게 폐를 끼치는 행위라 여겼기 때문입니다. 또한 당시 사람들은 가족 관계와 조상에 대한 공경을 기본으로 했기에 일단 어느 정도의 발전을 일구고 나면 자신의 가족 구성원을 보호하고 그들이 경제적으로 어려움을 겪지 않는 데 최선을 다했습니다. 이러한 배경이 일을 해나가는 과정에서의 합리화 및 규율에 영향을 미쳤죠. 그밖에도 엄격한 친족 관계 역시 도시의 발전과 법률 및 법규 제도의 개선에 걸림돌이 되었습니다."

베버의 이야기를 여기까지 듣고 채원은 문득 깨달았다. 서양에서 번성했던 합리적 자본주의가 동양에서는 매우 듸늦게 나타난 근본적인 원인은 다름 아닌 사람들의 사상적 차이 때문이었다.

정치와 정부의 사회학

이번에는 세훈이 물었다.

"종교와 사회의 관계에 대해 말씀하셨는데, 정부와 사회 사이에는 어떤 관계가 있나요? 혹은 별 관련이 없나요?"

베버가 웃으며 대답했다.

"물론 그렇지 않습니다. 이제 그 부분에 대해서 이야기할 겁니다. 나는 〈직업으로서의 정치〉라는 논문에서 '국가란 합법적으로 폭력을 사용할 수 있는 지위를 가진 실체'라고 정의했고, 정치란 마땅히 폭력을 통제하는 권력의 분배에 영향을 주어야 한다고 주장했습니다. 따라서 정치란 권력으로부터 유래하죠. 정치의 지배 형식에는 모두 세 가지 종류가 있습니다. 첫 번째는 전통적 지배로 종주宗主와 부권父權, 그리고 전제 권력의 결합입니다. 두 번째는 관료적 지배로 현재 국가의 구성 형식이기도 하며 법률과 정부 및 관료로 구성됩니다. 세 번째 형식은 권위, 곧 카리스마적 지배입니다. 바로 전통적인 가족과 종교의 방식이죠. 역사상 모든 통치자와 피통치자의 관계는 위의 세 가지 형식에서 벗어나지 않습니다. 나는 그중에서도 카리스마적 지배가 가장 안정적이지 못하며, 결국에는 전통적 지배 혹은 관료적 지배로 반드시 전환된다고 생각합니다. 마찬가지로 전통적 지배 형식에서도 지배자에 대한 사람들의 저항이 어떤 단계에 다다르면 질적 변화가 발생하고 사회 구성에도 역시 변화가 생겨 훨씬 더 합리적이고 합법적이며 권위적으로 변하게 됩니다."

"무슨 뜻인지 알겠습니다. 소위 말하는 '질적 변화'가 바로 혁명이죠!"

세훈이 말했다.

"맞습니다. 역사상 거의 모든 법률과 제도 및 정권은 전부 그렇게 생겨났습니다. 나는 관료화 사회에 대해서도 심도 있게 연구했습니다. 하나의 정식 체제가 합리적 방식을 통해 어떻게 모종의 형식을 갖춘 관료제로 올라섰는지를 중점적으로 연구했죠."

이때 서영이 끼어들어 말했다.

"선생님의 연구 덕분에 '관료'라는 단어가 현재 사회과학의 전문 용어가 되었죠?"

바로 그때였다.

"한서영, 선생님이 마저 수업하시게 말씀 좀 끊지 마!"

세훈이 소리쳤다. 그러나 세훈의 짜증은 핑계일 뿐이었다. 좀처럼 지기 싫어하는 세훈은 서양 사회학에 대해서는 잘 알지 못했기 때문에 오늘 두각을 나타내는 서영에게 질투를 느끼고 있었다.

"좋습니다. 일단 수업을 마칠 시간이 되었고 나도 여러분의 쉬는 시간을 뺏고 싶지는 않습니다. 그리고 한 학생이 계속 질투하지 않도록 정부 사회학에 대해 간단히 몇 마디만 하겠습니다. 나는 이후에 널리 알려진 '합리화'라는 개념을 제시했습니다. 즉 '합리화'란 하나의 행동 시스템과 가치관이 또 다른 목적을 위한 방향과 행동으로 전환함을 뜻합니다. 아까 이야기했던 세 가지 유형으로 말하자면, 이는 전통적 지배와 카리스마적 지배가 관료적 지배로 변한다는 뜻입니다. 하지만 지나친 합리화 역시 좋은 일은 아니죠. 생각이 트이지 못하고 꽉 막혀 있는 통치자는 합리성과 권력 통치라는 철장 속에 갇히고 맙니다. 앞서 이야기한 세 가지 유형 외에도 나는 이탈리아의 도시 공화정치가 매우 부당한 지배였다는 사실을 제기했었습니다. 지금 보면 당시의 지배 유형 연구가 불완전하고 모호한 점이 있긴 합니다만, 이런 사회 연구는 후세의 민주 이론에 많은 영향을 미쳤습니다."

그때 수업종이 울리자 베버는 손목시계를 들여다보며 말했다.

"여러분, 오늘은 여기서 마치겠습니다. 수업 내용이 조금은 어려웠겠지만 괜찮습니다. 천천히 알아가면 되니까요."

베버는 경쾌한 목소리로 작별 인사를 했다.

슈펭글러 선생님, 역사는 미래를 예측할 수 있나요?

▶▶ 슈펭글러가 대답해주는 '문화형태학' 이야기

여러분은 역사에 형태가 있다면 어떤 모습이라고 생각하나요?

역사는 들쭉날쭉한 톱니처럼 생겼을 거예요. 톱니바퀴는 계속 돌아가죠. 계속 반복되고 변화하지만 그 법칙에 다라 돌아요.

역사는 두루마리 족자처럼 죽 펼쳐질 것 같아요. 하나의 사건이 꼬리에 꼬리를 물고 계속 펼쳐지는 것처럼요

역사는 수많은 인물과 사건이 뒤엉켜 서로 다른 모습으로 나타나니까 그 모습을 특정 짓기가 어려운 것 같아요.

▶▶ 생각해보기 ◀◀

역사가 하나의 유기체처럼 생명을 갖고 있다면, 그 미래를 알 수 있을까?

수업 시작종이 울리자 학생들은 속속 교실로 돌아왔지만 세훈은 여전히 농구공을 손에 든 채 복도를 서성이고 있었다. 재준이 걱정스런 목소리로 교실로 들어오라고 말했지만, 세훈은 상관없다는 표정을 지으며 대꾸했다.

"수학 수업이잖아. 내가 제일 싫어하는 과목이 바로 수학이라고. 난 그냥 농구나 할래!"

세훈이 공을 들고 운동장으로 나가려는 순간, 툭 튀어나온 이마에 퀭한 눈 그리고 오뚝한 콧날의 남자가 이쪽을 바라보며 걸어오고 있었다. 남자는 세훈을 보자 천장이 울릴 만큼 커다란 목소리로 외쳤다.

"수업이 시작됐는데 아직도 여기서 뭐 하는 겁니까? 어서 들어가세요! 내 수업에 빈자리는 용납할 수 없습니다!"

세훈이 깜짝 놀라 물었다.

"지금은 수학 시간인데, 누구세요?"

"독일의 역사학자 슈펭글러라고 합니다. 시간표가 조정되었어요. 어서 자리에 앉으세요!"

기세등등한 역사학자의 목소리에 일순간 제압당한 세훈은 서둘러 교실로 뛰어 들어가 자리에 앉았다.

역사란 다원적이다?

교단에 올라선 슈펭글러는 진지한 목소리로 말했다.

"모두가 들었을 테니 소개는 생략하죠. 이번 시간은 내가 수업을 맡았습니다. 방금 저 학생을 조금 심하게 나무랐던 이유는 내 수업을 빼먹는 사람이 단 한 명도 없기를 바라는 마음에서였습니다. 오늘 수업은 전통적인 방식과는 거리가 멉니다. 그리고 여러분이 지금껏 어디에서도 들어보지 못한 관점과 이론일 겁니다."

슈펭글러의 말에 막 자리에 앉은 세훈이 또다시 '반격'에 나섰다.

"선생님, 솔직히 말씀드리면 지금껏 여러 명의 선생님들이 오셔서 각각 다른 각도와 관점에서 역사 수업을 하셨어요. 그래서 아무리 새로운 방식으로 수업을 하신다 해도 저희는 별 기대 안 해요."

다소 예의 없는 세훈의 태도에 슈펭글러가 단호하게 말했다.

"첫째, 나는 학생에게 발언권을 주지 않았습니다. 수업의 규칙을 지켜주길 바랍니다. 둘째, 내가 질문을 하나 하죠. 학생이 대답한다면 그 즉시 내가 여기서 나가겠습니다! 역사에 객관적인 법칙이 있다고 봅니까?"

슈펭글러가 세훈을 향해 질문했다.

"법칙이요? 수학에는 있다고 들었는데, 역사에 법칙성이 있다는 말은 처음 들어봐요!"

"그렇게 대답할 줄 알았습니다. 그럼 이제부터 내 수업을 잘 듣길 바랍니다!"

슈펭글러는 고개를 돌려 전체 학생들을 바라보며 말했다.

"나는 항상 이런 의문을 품었습니다. 역사에는 도대체 법칙이 있을까? 서로 아무런 관련이 없는 사건들과 우연히 발생한 일 외에도, 어떤 일정한 형태를 벗어나 독자적으로 존재하는 것들이 과연 있을까? 역사가 이러한 기본적인 특징들을 우리의 눈앞에 보여주고 어떤 결론이 맞는지, 또 어떤 결론이 틀렸는지 증명하도록 시키는 건 아닐까? 만약 서구 문화가 어떤 형식으로 완성되었는지 이해하고 싶다면, 일단 문화란 무엇인지부터 분명히 알아야 합니다."

슈펭글러의 말이 끝나자 학생들은 전부 꿀 먹은 벙어리마냥 조용해졌다. 자신이 던졌던 의문들에 모두 주눅이 들었다고 생각한 슈펭글러는 이번엔 좀 가벼운 화제로 이야기를 돌렸다.

"여기서 내가 쓴《서구의 몰락》을 읽은 사람이 있습니까?"

학생들이 또다시 침묵하자 슈펭글러는 조금 당혹스러워했다. 이런 반응은 예상하지 못한 터였다.

"하는 수 없네요. 오늘은 '성공작'을 가지고 여러분과 수업을 하겠습니다. 나의 사상과 견해에 대해 자세히 설명하도록 하죠."

슈펭글러는 서영이 앉아 있는 쪽으로 얼굴을 돌리며 물었다.

"듣자하니 서영 학생이 굉장히 똑똑하다던데, 조금 전문적인 질문을 하나 하겠습니다. 역사는 어떤 모습일 거라 생각합니까?"

서영은 조금 당황했지만 자신의 생각을 당당하게 말했다.

"모양으로 따지자면 옛날부터 지금까지의 모든 일들을 보여주는, 마치 길고 긴 두루마리 족자처럼 생기지 않았을까요?"

슈펭글러는 서영의 말이 끝나자마자 마치 그런 대답을 할 줄 알았다는 듯이 말했다.

"학생은 역사를 옛날부터 지금까지라고 생각하거나 혹은 '어제, 오늘, 내일' 이런 식으로 기간을 나누는군요. 그렇다면 부디 오늘 수업을 집중해서 잘 들으세요. 그런 전통적인 관념을 타파할 테니까요! 나는 역사를 고대, 중세, 현대로 나누는 건 아무런 의미가 없다고 생각합니다. 하지만 몹시 안타깝게도 절대 다수의 사람들이 이런 사고방식으로 역사를 대하고 있습니다. 그렇기 때문에 역사 속에서 자신의 진정한 위치를 발견하지 못할 뿐만 아니라 역사와 비교했을 때 자신의 중요성에 대해서도 판단할 수가 없는 겁니다. 역사의 영역에 제한을 두고 역사의 단계를 지배해버리니까요. 그래서 나는 역사학계에 '코페르니쿠스적 대변혁'을 일으켜 아무 짝에도 쓸모없는 그 구조를 깨버렸습니다."

"코페르니쿠스적 대변혁이라니, 그게 뭔가요?"

세훈이 물었다. 그러자 슈펭글러는 의기양양하게 웃으며 말했다.

"나는 근본적으로 고전 문화나 혹은 서유럽 문화가 중국, 인도, 아랍, 이집트, 멕시코 등의 여타 문화와 비교했을 때 어떤 특수한 지위를 갖는다는 사실을 인정하지 않습니다. 각각의 문화는 저마다의 관념이 있고 동시에 자신만의 열정과 의지와 감정, 심지어 생명까지도 갖고 있습니다. 물론 각자 죽는 시기도 있죠. 이는 한 폭의 생생한 유기체적 역사의 경관으로, 전 세계의 역사 역시 각 지역 문화의 흥망성쇠를 통해 나타나는 것입니다. 다시 말해 세계 역사의 연구란 각기 다른 문화의 역사를 연구하는 것입니다. 여러분도 세계 역사의 발전 양식은 절대로 단선이 아닌, 다원화라는 사실을 반드시 기억해두길 바랍니다. 나는 역사를 연구할 때 어제 혹은 그저께 무슨 일이 일어났는지 살펴보지 않습니다. 역사상 존재했던 각종 고급 문명을 비교하여 그들만의 생명 주기에서 나타난 공통점과 차이점을 찾아낸 다음, 이를 기초로 각각의 문화를 이해한 뒤 세계 역사의 의의를 밝혀내죠."

"그럼 선생님께서는 구체적으로 어떻게 구분하시는데요?"

서영은 아까 슈펭글러의 웃음에 기분이 상해 따지듯 물었다.

"《서구의 몰락》에서는 전 세계의 문화를 대략 다음의 여덟 가지 유형으로 나누었습니다. 중국 문화, 바빌로니아 문화, 그리스·로마 문화, 이집트 문화, 이슬람 문화, 서구 문화, 인도 문화, 멕시코 문화입니다. 이 여덟 가지 문화는 서로 대등하며 심지어 동시대의 문화라고 말할 수 있습니다. 이들은 동일하게 구축되었고 발전했으며 지속되었기 때문에 비교 연구가 가능합니다. 각각의 문화는 자신만의 토양이 있습니다. 그것을 토대로 고유의 특징과 그에 상응하는 역사 형태를 형성하기 때문에 모든 문화에는 사실상 하나의 폐쇄된 체계가 존재합니다. 그들 사이의 소통과 이해란 불가능하죠. 따라서 문화 간의 교류나 융합은 단지 겉으로만 표류하는 허상일 뿐입니다. 마치 서로 다른 집에 갇혀 있는 두 사람 사이에 존재하는 깊디깊은 낭떠러지라고나 할까요. 전쟁이나 침략의 근원도 사실은 전부 문명의 횡적 확장일 뿐입니다. 그러므로 역사란 문화이며, 세계 역사란 다름 아닌 서로 다른 문화의 '집단 전기傳記'죠. 인류의 발전 과정을 연구하려면 반드시 각 지역의 문화사를 연구해야만 합니다."

생명이 있는 문화

"선생님의 말씀을 듣고 보니 문화가 더 이상 간단한 책 한 권이나 문자 더미가 아니라 마치 살아 있는 어떤 대상처럼 느껴져요."

서영이 한층 누그러진 태도로 말했다.

"그게 바로 내가 여러분에게 이야기하고 싶은 관념입니다. 문화든 역사든 모두 생명이 있죠! 우리가 '보는' 각각의 문화는 마치 식물처럼, 견고한 토양에서부터 생겨났습니다. 그 뒤로 사람과 마찬가지로 자신만의 문화와 생각, 생명력, 열정, 그리고 자신만의 의지와 느낌을 갖게 되죠. 물론 언젠가는 죽습니다. 문화란 분명 활기차고 다채로우며 생동감이 넘치는 존재이지만 애석하게도 지금까지 그 안의 신비를 꿰뚫어본 사람은 없었습니다. 한 지역의 문화, 언어, 민족, 진리, 신령, 풍경 등 모두가 마치 한 그루의 아름드리 식물처럼 가지와 줄기와 잎을 지닌 채 성장하고 번성하며 노쇠해가는 과정을 겪습니다."

문화를 생명에 비유한 슈펭글러의 설명에 세훈은 관심이 갔다. 서영도 마찬가지였다.

"서로 다른 문화는 저마다 자아 발전의 가능성이 있으며 일단 시작과 성숙, 그리고 부패의 과정을 거치고 나면 다시는 돌아오지 않습니다. 동시에 모든 문화는 각자의 고유한 발전 형식이 있습니다. 그래서 우리가 보는 이 세상에는 다양한 조각과 소조, 회화의 기법이 등장하죠."

"그럼 선생님께서는 여덟 가지 문화의 현재 생명력에 대해 어떻게 생각하시나요?"

세훈의 질문에 슈펭글러가 미소를 띠며 말했다.

"솔직히 말하면 그중 일곱 종류의 문화는 이미 사망했거나 혹은 교착 상태에 빠졌다고 생각합니다. 서유럽 문명이 아직까지는 가까스로 살아 있지만, 역시나 앞으로 일어날 불행을 피하지는 못하겠죠. 서유럽 문명의 사망은 나로서도 어쩔 수가 없는 일입니다. 지역 문화의 탄생 이전에 인류에게 역사란 없었습니다. 문화의 발전이 종결되고 그 생명이 갖고 있던 마지막 잠재력을 전부 소진하여 문명의 최종 형태가 비로소 형상화되면, 인류는 다시금 역사가 없는 상태로 되돌아가죠. 서구 역사가 지금 바로 이 최후의 단계에 있는 겁니다."

슈펭글러, 문화와 역사의 발전 과정을 말하다

"그럼 이제 여러분에게 다시 질문을 하겠습니다. 문화가 무엇인지 말해 볼 사람이 있습니까?"

질문을 듣자마자 반사적으로 입을 떼려 했던 세훈은 돌연 말문이 막혀버렸다. 사실은 정말 어려운 문제였다. 괜히 몇 마디 했다간 이 진지한 선생님에게 비웃음만 사고 이러지도 저러지도 못하는 난처한 상황에 빠질 것만 같았다. 그래서 조용히 다른 학생들의 눈치를 살피며 멀뚱히 슈펭글러를 바라만 봤다. 교실 안은 순간 쥐 죽은 듯 조용해졌다. 그때 갑자기 서영이 용기를 내어 대답했다.

"문화란 일종의 유기체예요!"

"오, 정답입니다. 서영 학생이 이렇게 깊이 있는 문학적 문제에 대답할 수 있을지는 몰랐네요. 정말 기쁩니다!"

위대한 역사학자가 학생들 앞에서 자신을 칭찬하자 서영은 몹시 쑥스러워졌다. 그리고 아까의 기분은 싹 사라졌다. 이때 뒷자리에 있던 세훈이 퉁명하게 외쳤다.

"어휴, 선생님. 이제 그만 치켜세우시고 계속 수업해주세요!"

슈펭글러가 웃으며 말했다.

"'문화는 유기체다'라는 사상은 오늘날 서구 문화학계에서 이미 모두가 인정하는 사실입니다. 하지만 당시로서는 몹시 참신하고 독창적인 견해였죠. 이전의 단선적인 문화 결정론을 철저히 타파하고 역사와 문화가 발전 과정 속에서 상호 영향을 미치는 작용에 대해 중시했으니까요. 다시 말해 역사와 문화에 대한 전통적인 '연대표'식 연구를 진행하면서 문화 유기체의 공시적共時的 연구를 발전시키고 중시했다는 뜻이기도 합니다. 즉 시간상의 문화를 연구함과 동시에 다른 영역과 다른 각도에서의 역사와 문화도 연구해야 합니다. 이렇게 새로운 관점으로 진행되는 연구는 시간이라는 각도에서의 연구보다 훨씬 더 중요하죠. 이렇게 해야 사람들의 시야가 확장될 수 있고 역사에 대한 깊이 있는 이해도 가능해지는 겁니다. 비록 세계의 역사와 문화가 서로 다르긴 하지만 거기에는 한 가지 공통적인 구조가 있습니다. 바로 '문화의 영혼'과 '문화의 형식 언어'입니다. 나는 항상 사람들의 역사적 시야를 넓히려고 노력했습니다. 그래야 정치나 군사, 문학으로 이루어진 역사 혹은 문화에만 머무르지 않고 풍부하고 다채로운 세계를 바라볼 수 있기 때문입니다."

미래를 예측하는 역사

슈펭글러는 학생들을 한번 둘러본 뒤 말했다.

"이제 또 하나의 중요한 관점에 대해 말하겠습니다. 다들 집중하세요. 나도 이 관점이 반드시 옳다고는 확신하지 못하지만, 우리가 역사를 기록하고 들여다보는 목적은 단지 그것을 거울삼아 교훈을 얻고자 함이 아니라 역사를 통해 미래를 예측하는 데 있습니다. 이는 분명 내가 줄곧 주장해왔던 관념이자 역사 연구의 동기이기도 했습니다. 나는 역사가 사람들에게 케케묵은 감정이 아니라 명확한 시대적 감각과 강렬한 현실감을 가져다주길 바랐습니다. 나는 평생 동안 역사 연구를 통해 서구 문화의 운명과 앞날에 대한 예측을 시도했죠."

세훈이 조심스럽게 말했다.

"하지만 그런 식이라면 역사 순환론이나 숙명론에 빠지지 않을까요?"

슈펭글러는 세훈을 한번 보더니 계속해서 말했다.

"그래서 감히 확신하지 못했고, 일부 역사학자들마냥 내 작품에 완전히 자신만만할 수 없었던 겁니다. 비록 내가 책에서 새로운 관점을 다수 제시하긴 했지만 거기에는 분명 부족한 점도 있습니다. 사실 그 책은 최초의 시도이긴 했지만 완벽한 '끝내기'는 아니었죠. 불완전한 부분이나 오류, 심지어 스스로 모순되는 부분도 있습니다. 하지만 나는 자신만의 사상을 가진 역사학자이지, 그저 펜을 들고 역사를 적어 내려가는 기록자가 아닙니다. 사상가의 본질이란 무엇입니까? 그것은 바로 자신이 이해한 바에 따라 자신만의 견해로 시대에 상징성을 부여하는 데 있습니다! 나는 21세기 사람이 아니기에 당시 살았던 시대적 환경에 국한된 사고를 할 수밖에 없었습니다. 하지만 지금 그 책을 읽는다면 분명 여러분도 대부분 동의할 겁니다!"

바로 그때 수업종이 울렸고, 슈펭글러는 미소를 지으며 학생들에게 작별 인사를 했다.

"오늘의 임무는 완수했군요. 그럼 모두들 잘 있어요!"

스타브리아노스 선생님, 인류 문명은 시대를 어떻게 구분하나요?

▸▸ 스타브리아노스가 대답해주는 '세계사' 이야기

인류가 비약적으로 발전했던 시기를 언제라고 생각하나요?

도구적 인간이 나타난 때부터요. 인간은 도구를 쓰게 되면서 다른 동물과 다르게 비약적으로 발전했어요.

농업혁명이 일어난 시기라고 생각해요. 농사를 지으면서 인간은 비로소 자연을 이용할 줄 아는 지배적 위치에 서게 됐으니까요.

전 산업혁명이라고 생각해요. 산업혁명 이후로 세계는 지금까지 엄청난 속도로 발전했어요.

———————▸▸ 생각해보기 ◂◂———————

우리가 사는 인류 문명이 비약적으로 발전한 원동력은 무엇일까?

세훈과 재준이 농구를 하고 교실로 들어와 자리에 앉자마자 복도에서 발자국 소리가 들렸다. 역사학자의 모습에 학생들은 깜짝 놀랐지만 그러면서 동시에 기뻐했다. 비로소 현대인을 만난 까닭이었다. 머리카락과 수염이 하얗게 센 노신사는 움푹 들어간 눈과 오뚝한 콧날에 안경을 걸치고 있었다.

"우리와 같은 시대 사람인가봐!"

교실에 앉아 있던 서영도 흥분한 목소리로 외쳤다.

"맞습니다. 비록 여러분보다 나이가 훨씬 많긴 하지만 그리스나 로마나 중세 유럽 사람은 아니죠. 나는 미국의 역사학자 스타브리아노스라고 합니다.《전 세계 통사》가 대표작이죠."

세계는 하나의 통일된 총체이다?

스타브리아노스는 시선을 돌려 학생들을 바라보았다. 그때 서영이 말했다.

"저도 알아요.《전 세계 통사》의 가장 큰 특징은 전통적인 지역 경계를 지양하고 역사 활동 그 자체의 공간에 따라 역사를 서술했다는 점이죠."

"오! 그 책을 읽었습니까?"

스타브리아노스가 서영을 향해 기쁘게 웃어 보였다.

"지역에 따라 역사를 나누고 각기 다른 지역의 역사를 개별적으로 이야기하는 것은 세계사 그 자체에 별 의미가 없는 일이라고 생각합니다. 지리학에는 도움이 될지 몰라도 말입니다. 따라서 어떤 특정 국가나 지역에서 발생한 중대 사건들이 아니라 인류 전체의 발전에 커다란 영향을 미친 역사 운동에 중점을 두고 연구를 해야 합니다. 세계사란 모든 지역 역사의 총합일 뿐만 아니라 그들 사이에는 밀접한 불가분의 연계가 존재하기 때문이죠. 만약 세계사를 서로 떼어내 분리한다면 그 역사에는 질적 변화가 생기게 됩니다. 마치 화학 성분을 이해하고 나면 물은 더 이상 물이 아닌 수소와 산소인 것처럼 말입니다. 다시 말해 세계사는 단순한 지역 역사의 규합이 아닙니다. 또한 그래야만 인류 문명에 대한 깊은 이해도 가능합니다. 전체적인 관점을 무시한 채 단편적인 각도에서 역사 연구를 한다면 제아무리 열심히 애를 써도 이전 사람들이 분석해놓은 케케묵은 결론만 얻게 될 뿐입니다. 새로운 돌파구는 절대 찾지 못하겠죠."

인류 문명의 시대 구분

그때 채원이 갑자기 질문을 던졌다.

"그럼 문명이 출현한 이래로 인류가 획기적인 발전을 했던 시기는 언제였나요?"

"나는《전 세계 통사》에서 역사를 두 개의 시기로 나눴습니다. 1500년 전의 세계와 그 이후의 세계죠. 그 질문에 답하려면 초기 인류의 발전부터 이야기해야 합니다. 선사 시대에 영장류는 점차 인간으로 변화했고 단순한 식물의 채집자에서 생산자로 변모했습니다. 이 두 가지의 커다란 변환은 이후 모든 인류 역사의 기초가 됩니다. 그리고 빙하기가 닥치죠. 지구상의 모든 동식물은 새로운 환경에 적응해야 했으며, 관건은 힘이 아니라 추위를 감당하는 능력이었습니다. 인류는 추위에 강해져야만 했고 자신들의 지능을 향상시켜야만 했습니다. 환경에 더 잘 적응하기 위한 방법을 찾기 위해서는 반드시 '지능'이 필요했으니까요. 그 후, 그러니까 약 3만 5천 년 전, 인류는 다시금 진화합니다. 생각하는 인간이 된 거죠. 이 또한 지구상의 생명이 무기화합물에서 벗어난 뒤 맞이한 커다란 전환점이었습니다. 다윈의 진화론에 대해서는 모두 들어봤겠죠. 지구에 살아남은 모든 생물은 환경에 적응할 능력이 있었습니다. 따라서 모든 생물의 진화 역시 돌연변이나 자연적인 환경의 선택 혹은 적응의 과정을 통해 실현된 것입니다."

"그렇다면 생물의 유전인자는 환경에 적응하기 위해 나타났나요?"

채원이 인류의 역사를 유전인자와 연관지어 설명하는 스타브리아노스의 설명에 관심을 가지며 물었다.

"맞습니다. 하지만 인류가 출현하면서 이러한 진화의 방향에 변화가 생깁니다. 더 이상 유전인자가 환경에 적응하는 것이 아니라, 인류가 본인의 생존 환경을 바꾸면서 자신의 유전인자에 적응하죠. 이제 곧 시대를 구분 짓는 의미심장한 세 번째의 전환점이 나타날 겁니다. 유전인자의 구조와 기능에 대한 이해가 점차 깊어지면서 인류는 머지않은 미래에 외부의 환경을 본질적으로 바꾸는 동시에 자신의 유전인자 역시 개조할 수 있을 겁니다."

"설마요! 선사 시대의 인류는 지금처럼 발달한 기술이 없었기 때문에 온전히 대자연의 보살핌에 의지했잖아요. 농사를 짓고 가축을 기르면서 그러한 의존성은 약해졌어요. 이것이 바로 인류의 진보이기도 하고요. 그렇지 않다면 오늘날 어떻게 컴퓨터나 휴대전화를 사용할 수 있겠어요?"

서영이 묻자 스타브리아노스가 한바탕 웃으며 다시 말을 이었다.

"인류는 농사를 짓고 가축을 기르기 시작하면서 '농경 문명'에 진입합니다. 한곳에 정착해 생활하는 방식도 바로 이 시기에 나타나죠. 하지만 이런 현상은 재배 농작물과 길들인 가축을 보살피기 위해서는 그것 말고 별다른 방법이 없었기 때문입니다. 그 뒤로 출현한 '촌락'은 인류 문명의 가장 기본적인 경제 단위를 형성했고, 이는 18세기 말 공업 문명 이전에 일종의 통치 지위가 있었던 생활 형태의 기초였습니다. 이러한 문명의 도래가 상호 평등했던 관계를 파괴하긴 했지만 동시에 인류에게는 엄청난 이익을 가져다주었죠. 그리고 무엇보다 중요한 사실은 역사가 완전히 새로운 시기로 접어들었다는 점입니다. 바로 문명 시기죠."

"궁금한 점이 있는데요. 선생님께서는 역사에 도대체 몇 개의 시기가 있다고 보세요?"

서영이 물었다.

"고대 문명, 고전 문명, 중세 문명, 그리고 현대 문명입니다. 내가 1500년 전의 시대를 서술하면서 유라시아 대륙 문명에 중점을 둔 까닭은 당시 그 문명이 가장 선진적이었으며, 수천 년 동안 인류 문명의 발전에 공헌한 바가 가장 크다고 생각했기 때문입니다."

스타브리아노스, 인류 문명 발전의 관건에 대해 밝히다

"모든 시대를 통틀어 사람들에게 가장 많은 주목을 받았던 곳은 유라시아 문화가 고도로 발달한 중심 지역이었습니다. 유라시아 대륙의 각 지역은 서로 영향을 주고받으며 점차 총체적인 작용을 발휘하기 시작했습니다. 신석기 시대 이래로 인류 세계의 중심은 바로 유라시아 대륙이었죠. 또한 인류의 기술이 부단히 발전하면서 조선술과 항해술까지 더해지자 유라시아 대륙 중심 지역의 형성과 성장이 촉진되었습니다. 하나의 사회 집단이 각양각색의 발전을 하고 나면 그것을 다른 집단에게 전달하죠. 이런 식으로 서로 간의 교류가 점점 많아지면 학습의 기회 역시 자연히 늘어나고, 다른 민족과 서로 영향을 주고받을 수 있는 환경에 있는 민족은 비약적인 발전을 하게 됩니다. 따라서 인류 문명 발전의 관건은 바로 '접근의 용이성'이며, 이는 유라시아 대륙에서 가장 두드러지게 나타나는 특징입니다. 그들은 서로를 위협하는 동시에 서로를 자극하기도 했으니까요."

"선생님, 예를 들어 설명해주세요."

서영이 스타브리아노스에게 요청했다.

"1500년 이전의 역사는 기본적으로 지역적 특성을 지닌 역사였지, 전 세계의 역사는 아니었습니다. 또한 인류가 각각의 대륙으로 흩어진 이후에는 원시의 낙후된 기술 수준이 인류의 상호 작용 범위를 제한하기 시작합니다. 유라시아 대륙은 다른 대륙과는 따로 떨어져 있었기 때문에 결과적으로 오스트레일리아나 남아메리카, 북아메리카와는 완전히 차단되었던 겁니다. 아프리카인들은 비록 '완전한 고립'은 아니었지만, 그와 별반 차이가 없었습니다. 이후 유라시아 문명의 영향으로 점차 세계 체제에 유입되죠."

인류 문명의 발전 과정과 현 시대

"1500년 이전의 인류 문명에 대해 이야기하다 보니 문득 이런 질문이 떠오르네요. 인류는 어떻게 발전했을까요? 누가 대답해보겠습니까?"

학생들이 잘 모르겠다는 표정을 하자 스타브리아노스가 스스로 답하기 시작했다.

"내 생각은 이렇습니다. 주변 환경에 대한 모든 인류의 반응은 매우 독창적이며 서로 다른 지역의 사람들이 환경에 따라 창출해내는 반응과 성취 역시 전부 다릅니다. 이를 결정짓는 요인은 각 지역의 역사와 지리적 배경이죠. 아주 오랜 시간 동안 서유럽 사람들은 자신이 유라시아 대륙의 서쪽 끝에 고립되어 있다고 생각했습니다. 그래서 이런 지리적 위치 때문에 손쉽게 동쪽에서 자신들을 침략할 거라 여겼죠. 서구 사회가 급부상하면서 이러한 구조는 점차 사라집니다. 서양인들은 기술적으로 무기와 선박 제조 방면에서 특히 우세했고, 바다를 뛰어넘어 육지에서도 대초원의 유목민족과 동일한 기동성을 갖게 되죠. 늘 안절부절못하고 마음을 놓지 못했던 서양인들은 바로 이러한 방법들로 유라시아 대륙을 장악했던 겁니다. 또한 대서양을 건넌 콜럼버스가 미국 대륙을 발견하고 지구를 한 바퀴 돌아오자 인류의 문명은 더욱 긴밀하게 연관되고 상흐간 왕래 역시 점차 증가합니다. 바로 이때 '총체적인 세계'의 짜임새가 처음으로 드러나게 되었습니다."

이때 세훈이 스타브리아노스의 말을 끊으며 질문했다.

"선생님, 지금까지 계속 1500년 이전의 세계에 대해서만 말씀하셨잖아요. 수업 시작하시면서 《전 세계 통사》에서는 1500년 이전과 이후로 역사를 나눴다고 하셨는데, 그 후 이야기는 언제 해주실 건가요?"

스타브리아노스가 세훈을 향해 웃어 보이고는 갈했다.

"이제부터 학생의 기대에 부응하기 위해 1500년을 기준으로 그 이후의 상황에 대해 이야기하겠습니다. 나는 그 이후의 세계사를 다음의 세 가지 시기로 나누었습니다. 1500년부터 1763년까지, 1764년부터 1914년까지, 그리고 1915년부터 현재까지입니다."

스타브리아노스는 시기를 나눈 뒤 자세한 설명을 덧붙여 말했다.

"1500년부터 1763년까지의 첫 번째 시기에 인류는 세계 지리에서 신대륙의 존재를 밝혀냈을 뿐만 아니라 인류 역사를 전 세계적 단계로 이끌었습니다. 이 시기에 유럽인들은 나라 밖에서 활동하며 뛰어난 지도력으로 자신들의 힘을 한껏 뽐냈고 시간이 흐르면서 세계 각 지역의 관계는 훨씬 더 긴밀해졌습니다. 따라서 이 시기는 1500년 이전의 지역 고립주의에서 19세기 유럽이 세계 패권을 잡기까지의 과도기라 할 수 있습니다. 마치 망원경을 쓴 것처럼 인류의 시야가 엄청나게 확대되던 때였죠! 시야가 확대됨에 따라 세계에 대한 사람들의 인식은 어느 한 지역이나 대륙 또는 반구半球에만 국한되지 않았습니다."

"당시 사람들이 이미 지구의 형태에 대해 알기 시작했다는 말이네요?"

세훈이 말했다.

"그렇습니다! 그에 따라 인류의 다른 종족들이 서로 융합됐고 뒤이어 동식물 사이의 교류가 이루어졌습니다. 1500년 이후 인류는 대륙을 횡단하기 시작했습니다. 그들은 가지고 돌아온 식물들을 옮겨 심었으며 각종 동물들을 우리에 넣고 사육했죠. 그리고 담뱃잎과 목화솜의 출현으로 당시의 세계에는 어느 틈엔가 대규모 국제 분업이 완성되었습니다. 세계가 점차 하나의 경제 단위로 탈바꿈하기 시작했던 거죠. 즉 이 시기의 세계는 이미 천지개벽 수준의 변화를 겪는 중이었습니다. 농업과 목축업이 서로 보완적으로 발전했고 경제 시스템이 점차 형성되었으며 문화에서도 상호 교류가 일어나기 시작했습니다. 지역 자치를 형성하고 전 세계 통일의 출발점이 되었다는 사실이 바로 이 시기의 매우 큰 역사적 의의라고 볼 수 있습니다. 1764년부터 1914년까지의 150년간은 유럽인들이 세계 대부분 지역의 패권을 쥐고 있던 시기였습니다. 과학과 정치, 산업혁명은 이 시기의 발전을 위한 엔진 역할을 했죠."

서영이 끼어들어 말했다.

"당시 유럽인들은 선진화된 과학기술을 장착하고는 다른 나라들에 무지막지한 지배력을 행사했어요."

"맞습니다. 18세기의 산업혁명은 19세기 유럽이 패권을 장악하는 데 있어 군사적·경제적 기초가 되었습니다. 1770년부터 1870년까지의 제1차 산업혁명은 자본주의를 싹 틔웠죠. 1870년 이후에는 금융 자본주의가 나타났고 당시 정치혁명의 본질은 '모든 사람이 평등하다'는 관념을 심어주었습니다. 덕분에 사람들은 그 후로 정치에 참여하게 되었고, 그것을 자신들의 당연한 권리로 여겼죠. 다시 말해 정치혁명은 19세기에는 유럽 전역에, 그리고 20세기에는 온 세계에 영향을 미쳤습니다."

스타브리아노스는 교단에서 내려와 한 걸음을 딛더니 말을 이었다.

"그러나 1915년부터 수십 년 동안 서구 사회는 성공과 동시에 쇠락하기 시작합니다. 유럽의 확장으로 다양한 민족들이 뒤섞였고 당시 이로 인해 야기되기 시작한 충돌은 전 세계적인 문제가 되었습니다. 마치 지금의 과학기술이 인류의 생활에 많은 편의를 가져다주긴 했지만 동시에 원래의 자연환경을 상당히 파괴한 것과 같은 이치입니다. 오늘날의 인류는 자신들의 습관과 전통을 변화시켜서 과학기술 때문에 벌어진 어려운 문제들을 잘 처리하고 있을까요?"

스타브리아노스의 질문에 학생들은 선뜻 나서지 않았다.

"비록 지금의 인류가 과학에 의존하고는 있지만 과학은 절대로 인류 문명을 지배하지 못합니다. 여러분이 싫든 좋든 간에 또 다른 요소가 존재한다는 사실을 반드시 인정해야만 합니다. 모든 공로를 과학에게 돌리는 것은 잘못된 생각이죠. 복잡하고 다양한 역사의 본질을 알게 된다면 그중 어떤 변화가 과학 혁명으로 인해 야기된 결과인지 딱 꼬집어 말하기는 매우 어렵습니다. 이는 전 세계적인 문제이기에 개인의 행동은 아무 소용이 없습니다. 변화를 위해서는 반드시 단체행동을 해서 사회를 제어하고 조절할 필요가 있습니다. 여러분에게 마지막 정론을 말씀드리죠. 지금의 세계에는 커다란 문제점과 엄청난 기회가 공존합니다. 즉 거대한 위험과 잠재력을 동시에 숨기고 있는 시대죠. 이런 상황 속에서 인류는 불안과 불편을 감지하게 됩니다."

그때 수업종이 울리자 스타브리아노스는 웃으며 학생들에게 말했다.

"오늘 수업은 여기까지 하겠습니다. 혹시라도 내가 그리워지면 미국으로 찾아와도 좋습니다."

스타브리아노스가 교실을 떠나자 채원이 서영에게 물었다.

"선생님 말씀은 유럽 문명의 역사가 곧 인류 문명의 역사라는 뜻이잖아. 좀 억지스럽지 않아?"

서영이 채원을 보고는 웃으며 말했다.

"선생님도 보통의 인간일 뿐인데 생각이 완전하기란 불가능하잖아. 그런데《전 세계 통사》는 시대의 흐름을 따라가지 못하던 당시 역사 연구의 분위기를 바꿔놨었고, 역사의 시대성과 글로벌한 특성을 구체적으로 아주 잘 보여주었어. 사람이든 일이든 그것을 평가할 때에는 결점만 찾아내지 말고 장점을 더 살펴봐야 하지 않을까?"

노스 선생님, 역사는 경제를 어떻게 발전시키고 있나요?

▶▶ 노스가 대답해주는 '신경제사' 이야기

산업혁명이 일어난 역사적 조건은 무엇일까요?

대량생산할 수 있는 기계가 발명된 것이요. 기계가 발명되지 않았다면 산업혁명은 일어나지 않았을 거예요.

시장이 형성됐던 거예요. 서양은 세계에 엄청난 시장을 확보하고 있었어요. 그 시장이 없었다면 대량생산한 물건들을 모두 팔 수 없었겠죠.

새로운 노동력도 중요했어요. 당시 사회에 변혁이 일면서 자유롭게 공장에서 일할 수 있는 사람이 많았어요

▶▶ 생각해보기 ◀◀

인류의 발전 과정과
경제 발전 과정은 어떤 관계가 있을까?

"짜증 나. 어제 숙제하느라 축구 경기를 못 봤어!"

쉬는 시간이 되자 세훈이 불평을 쏟아내기 시작했다.

"진짜? 어제 정말 중요한 경기였는데, 못 봤어? 난 연장전까지 다 봤어."

재준의 말에 세훈이 빈정거리듯 말했다.

"너 혹시 축구 보느라 숙제 안 한 거 아냐?"

"너야말로 대충 숙제하고 축구 볼 생각했지? 그러니까 효율이 떨어지는 거라고!"

그때 수업종이 울렸다.

효율의 관건은 무엇일까?

시작종이 울린 지 3분이 지나도 선생님의 모습이 보이지 않자 재준이 담임선생님을 찾아가려고 자리에서 막 일어서려던 참이었다. 바로 그때, 몹시 나이 든 한 외국인이 등장하자 학생들은 깜짝 놀라 쳐다봤다.

"여러분, 안녕하세요. 미국에서 온 더글러스 노스입니다. 오늘은 경제사에 대해 수업할 예정입니다. 만약 오늘 강의가 만족스럽지 않더라도 나를 너무 탓하지는 말아주세요. 아흔을 훌쩍 넘긴 늙은이니까요. 지금 이 자리에서 여러분에게 강의하는 것 자체가 쉬운 일이 아니랍니다. 먼저 질문을 하나 하죠. 만약 지금부터 여러분이 경제활동을 하야 한다면 과연 무엇이 가장 중요할까요?"

"당연히 효율이죠! 안 그러면 축구 경기 볼 시간도 없을 테니까요!"

재준이 말하고 세훈의 어깨를 툭 쳤다.

"맞는 말입니다. 효율적인 경제가 바로 경제성장의 관건이죠. 서구 세계가 짧은 시간 안에 성장할 수 있었던 이유는 효율적인 경제조직을 발전시켰기 때문입니다. 효율적인 조직은 제도화된 시설을 만들고 재산의 소유권을 확립하여 개인의 경제적 노력을 사회성 있는 활동으로 이끌고 가죠. 이런 식으로 개인의 수익은 계속해서 사회적 수익으로 접근하게 됩니다. 서구 사회에서 효율적인 경제조직이 형성되는 과정에는 개인의 독립과 자유, 그리고 인구의 증가가 중요한 작용을 했습니다. 동시에 이 두 가지는 외부 요인이기도 했죠. 영국인을 예로 들자면, 인구가 부단히 증가함에 따라 재산권의 구분은 점점 더 세밀해졌습니다. 재산권의 실행은 경제 규모의 영향을 받기 때문이죠. 따라서 인구의 증가로 인해 판결이나 질서 혹은 보호와 관련된 법률의 집행이나 계약의 이행이 더욱 손쉬워졌습니다. 게다가 시장은 확대되었지만 인구의 증가로 시장 지배의 자원 비용은 오히려 감소했습니다."

"저도 알아요. 희소성의 원리죠!"

세훈은 아는 것이 나오자 한껏 자신만만하게 말했다.

"간단히 말하자면 그런 뜻이죠. 바로 이런 상황 속에서 새롭고 종속적인 제도들이 생겨났습니다. 이 제도의 출현으로 시장의 생산과 교환은 전문적으로 변했고 각 지역 사이의 비교 우위는 더욱 강화되었습니다. 인구 증가에 따른 또 한 가지 이점은 사람들의 평균 수입이 증가한 겁니다. 인구가 늘어남에 따라 시장 자체는 계속 확장되고 무역과 상업의 발전이 촉진되기 때문이죠. 17세기 초, 인구의 변화는 경제성장에 중요한 영향을 미쳤습니다.”

시장 제도의 변혁은 경제 발전의 원천

“인구에 대한 이야기를 했으니 다음은 시장으로 넘어가죠. 그 어떤 국가를 막론하고 국가 경제의 중심은 바로 시장입니다. 서구 사회의 발전 과정에서 시장은 매우 중요한 역할을 했는데, 이 시기의 시장에 근본적인 변화가 있었기 때문이죠. 도시의 상인들은 맨 처음 해외무역을 시작하면서 새로운 계약 제도를 고안해냈습니다. 보통은 이 제도를 외상 판매와 동업이라 부르죠. 덕분에 재래시장의 범위는 점점 더 커졌으며, 분산되어 있고 비용이 많이 들던 종전의 매매 형식은 새로운 제도하에 대체되었습니다. 통일된 교환 관계를 형성해 매번 거래할 때마다 가격을 흥정하던 중간 과정을 줄인 겁니다.”

“저는 이해가 잘 안 되는데요?”

세훈이 머리를 긁적이며 말했다.

“재래시장이 점점 커지면서 그들이 국제시장에 제공하던 가격 관련 지식이 늘어났고, 덕분에 시장의 정보를 얻기 위해 실시하던 대규모 조사에

소모되던 비용과 시간 역시 줄어들었습니다. 동시에 사람들은 효율적인 신용 수단을 끊임없이 발전시켰고, 이렇게 새로 고안된 방법들은 자본 시장에서 매우 선구적인 역할을 했죠!"

"그 부분은 저도 이해가 돼요. 마치 지금의 인터넷 뱅킹이나 인터넷 설문조사처럼 비용을 절약하고 시장의 운용 효율을 높이는 것들을 말하는 거잖아요. 그런데 선생님, 선생님께서 전문 용어를 너무 많이 사용하시는 바람에 잘 이해가 안 돼요. 쉬운 말로 설명해주실 수는 없나요?"

세훈의 말에 이번엔 노스가 난처하다는 듯 턱을 만지며 말했다.

"여러분과 내가 살았던 시대가 다르니 어쩔 도리가 없습니다. 현재 여러분이 자주 접하는 것들에 비유해 설명하고 싶지만 방법이 없네요. 모쪼록 스스로 알아서 잘 이해하길 바랍니다."

그러자 오랫동안 침묵하고 있던 서영의 목소리가 들렸다.

"선생님, 저는 선생님께서 방금 말씀하신 내용을 이해했어요. 그 방면에서 인류가 창조해낸 혁신 덕분에 거래 비용이 대폭 줄어들었고 자본과 시간도 절약되었잖아요. 이 위대한 혁신은 생산 능력 증가의 원천이기도 하고요."

그러자 오랫동안 침묵하고 있던 서영의 목소리가 들렸다.

노스, 산업의 '대변혁'에서 정부의 역할에 대해 말하다

"이 자그마한 교실에서 학생 같은 인재를 만날 줄은 몰랐네요! 물론 또 다른 방면에 대한 설명이 필요하긴 합니다. 바로 정부죠. 사회의 수많은 민간 조직과 비교했을 때 정부는 다음과 같은 우위를 갖고 있습니다. 낮은 비용으로 소유권을 확립할 수 있으며 이로 인해 얻을 수 있는 이점들이 확대된 시장의 이점보다 훨씬 더 많죠."

그때 세훈이 말했다.

"민간 조직이 아무리 커지고 강해진다 한들, 결국 국가와 국민을 이끌고 가는 건 정부 아닌가요? 정부의 권위에 도전하기란 쉽지 않잖아요."

노스는 세훈의 말을 듣고도 계속 말을 이어갔다.

"지금 이 시대에 정부가 반드시 필요한 제도라는 사실은 여러분도 물론 알고 있을 겁니다. 나는 기본적으로 정부를 일종의 제도적인 장치라 생각합니다. 정부는 법의 시행으로 국민들을 보호하죠. 정부가 이렇게 할 수 있는 이유는 현재 국가가 확정하고 실행하는 모든 것들, 그리고 자원 재산의 소유권 및 재산의 양도권 이전을 마음대로 다룰 수 있기 때문입니다. 국민을 위해 제공하는 이런 서비스에 대해서 국민은 세금이라는 형식으로 정부에 대가를 지불합니다. 간단히 말해서 국가는 알맞은 법률을 제정하여 시장에서 문제가 생겼을 때 사람들이 스스로를 보호할 수 있도록 해주고, 사람들은 그 대가로 국가에 세금을 납부합니다. 이러한 보호는 국가 규모화의 경제에서 전체 국민에게 이득이 될 뿐만 아니라, 정부와 정부의 관리를 받는 양쪽 모두에게 서로 이익이죠. 따라서 규모의 경제가 지속적으로 존재해야만 국가는 재산 소유권을 광범위하게 보호해줄 수 있고, 그래야 국민 한 명 한 명의 수입이 증가하게 됩니다. 이러한 수익은 모종의 방법으로 국가와 국민이 서로 분할하죠."

노스는 잠시 말을 멈추고 숨을 골랐다.

"물론 국민 국가의 수입을 부단히 증가시키기 위해서 정부는 반드시 적절한 조취를 취해야 합니다. 예를 들면 지리적으로는 국가의 통치와 영향력을 확대하고 형식적으로는 관할 구역의 통치를 강화하는 겁니다. 이밖에도 수입을 공급해줄 새로운 출처를 찾아나서야 하죠."

"저도 알아요. 그러니까 어찌 됐든 돈을 거둬들일 방법을 찾는 거죠. 예를 들면 새로운 조세 항목을 늘리거나 채무를 늘리는 방법 등으로요. 이번에는 맞았죠?"

노스는 세훈을 향해 미소를 지어주고는 말했다.

"맞습니다. 영국을 예로 들어보죠. 다른 국가와 비교했을 때 영국의 전통적인 수입 중에서 세금 수입이 차지하는 비율은 점차 줄어들었습니다. 일반적으로 목사나 신도들은 왕실에 특별 보조금을 냈는데, 아! 이 보조금은 사실 일종의 형식적인 재산세로 교회나 성당의 신도들이 낸 돈을 말합니다. 이는 결코 영국 정부가 수익을 창출하는 방법이 아니었습니다. 방법은 따로 있었죠. 왕실은 국가의 해외무역을 통해 훨씬 더 많은 수입을 거둬들였습니다. 간단히 말하면 영국 정부는 일단 도시가 무역을 하고 특권을 갖게 만들어준 다음, 그들이 정부에게 세금을 내도록 했습니다. 이런 식으로 상인들은 법률이 정한 권리를 브여받았고 협회의 규제로부터 벗어나는 대가로 국가에 세금을 납부했죠. 국가는 민간을 대신해 재산 소유권을 보호해주었고 이로 인해 사람들이 얻는 이익은 증가했습니다. 국가 경제구조가 곧 왕실의 수익을 결정했지만 이는 '과세'라는 형식으로 나타나게 된 겁니다. 이런 식으로 경제성장과 정부 사이의 논리적 연계가 생겨나기 시작했죠."

노스는 갑자기 연이어 기침을 했다. 학생들은 노스가 혹시나 쓰러지지나 않을까 걱정스러웠다. 노스는 한참 뒤, 숨을 고르고 말을 이어 나갔다.

"이에 비해, 중세 유럽의 강국이었던 프랑스와 스페인의 사례는 전형적인 반면교사라고 볼 수 있습니다. 오랜 시간 동안 프랑스 경제가 안정적으로 성장하지 못한 주요 원인은 효율적인 재산권 시스템이 없었기 때문입니다. 일단 프랑스에서의 노동이란 보수를 받지 못하는 노예들의 의무 노동 단계에 머물러 있었습니다. 스페인에서도 케케묵은 제도가 국가에서 여전히 우위를 차지하고 있었기 때문에 역시 효율적인 소유권이 발전하지 못했죠. 이렇게 되면 사적 소유권은 보호받을 수가 없습니다. 게다가 기술혁신이 줄어들고 발전까지 더뎌지니 경쟁에서 실패하는 것은 당연하죠."

노스는 또 한 번 말을 멈추고는 교단으로 걸어갔다. 그러고는 물을 한 모금 마시고 나서야 설명을 다시 이어갔다.

"사실 일련의 제도 변화는 산업혁명을 위한 전초 작업과 마찬가지이며, 더욱이 산업혁명은 장기적인 발전과 변화의 과정이 가져다주는 점진적인 결과이기도 합니다. 따라서 나는 역사가 부단히 진보하고 발전하는 근본적인 원천은 바로 제도의 변천사라고 봅니다. 신구 세계가 합쳐진 이후 계속해서 확대되는 시장수요는 노동의 분업을 가져왔으며, 이러한 상황 속에서 점차 전문화가 나타나면서 거래 비용은 점점 늘어났습니다. 일단 거래 비용이 증가하게 되면 자원의 낭비는 더욱 심해지죠. 이와 같은 모순을 바꿀 수 있는 유일한 방법은 바로 경제조직을 바꾸는 겁니다."

노스는 자세를 바로 하더니 말했다.

"이밖에도 국제적인 경쟁으로 인해 여러 국가들은 강력한 추진력을 갖추었고, 이러한 추진력은 역으로 각국 정부가 스스로의 제도 시스템을 조정하여 경제를 성장시키는 동력이 되었습니다. 서구 국가들의 산업혁명이 성공할 수 있었던 이유는 바로 소유권을 재정비했기 때문입니다. 따라서 발전은 필연적인 동시에 필수적인 결과였으며 실패한 경제조직에는 비효율이라는 멍에가 씌워졌죠."

"앞으로는 무엇을 하든 효율을 높여야겠어요. 그렇지 않으면 최후의 결과는 실패라는 두 글자로 끝나겠네요."

세훈의 목소리였다. 노스는 답하지 않고 자신의 설명을 이어나갔다.

"물론, 상업과 무역의 변화 외에 농업의 변화 역시 매우 중요합니다. 내 연구에서도 이 방면을 아주 중요하게 다루었죠. 13세기에 영국은 법령을 통해 영주들의 영지를 승인했고, 그들이 스작농에 게 나누어줬던 토지로 구획을 나눌 수 있도록 했습니다. 지주들이 거주민들의 전속 소유권을 갖게 된 것이죠. 그리고 18세기에 산업혁명이 일어나죠. 17세기 말, 전통적인 토지 점유권에 관한 수많은 권리들이 폐지되고 효율성이 훨씬 높은 기술을 사용해 땅을 경작하는 사람들이 많은 대가를 얻게 되면서 사실상 자발적인 합의에 의한 토지 구획 방식이 나타나기 시작했습니다. 이것이 나중에는 산업혁명의 배경 조건이 되었죠."

경제 이론을 통한 역사 연구

"여러분, 서구인들이 애초에 어떻게 발전하기 시작했는지 아십니까?"

“알긴 아는데요. 그게……”

세훈이 우물쭈물 대답했다. 혹시라도 잘못된 대답을 해 몸이 약한 노스가 너무 놀라지나 않을까 두려워서였다.

“학생, 할 말이 있으면 그냥 하세요. 나이는 많지만 내 몸 하나 정도는 건사할 수 있습니다.”

노스가 자애롭게 웃으며 말하자 세훈이 조심스럽게 자신의 생각을 꺼내 놓았다.

“선생님, 오늘 수업이 정말 훌륭하다는 사실은 인정하지만 처음부터 지금까지 쭉 이런 생각이 들었어요. 오늘 말씀하신 내용은 ‘서양의 경제사’가 아니라 그냥 ‘경제’ 아닌가요?”

노스가 세훈의 말에 오랜만에 웃음을 터뜨리고는 말했다.

“솔직히 말하면 이전에 우리나라에서 수업을 할 때에도 똑같은 이야기를 들은 적이 있습니다. 그렇다면 기왕 이야기가 나온 김에 내 연구 관점에 대해 조금 설명하도록 하죠. 주의 깊게 살펴보니 다음과 같은 사실을 발견했습니다. 오랫동안 경제사의 연구는 사료의 수집이나 고증, 그리고 정리에 국한되어 있었습니다. 또한 경제사를 다룬 작품은 주제 서술의 방식이나 혹은 편년사編年史의 방식에 있어 전부 사료를 열거하거나 쌓아놓기에 그칠 뿐이었습니다. 따라서 경제사의 연구는 정치사나 법률사와 마찬가지로 별다른 방법이나 연구 각도가 없었습니다. 그저 영역상의 차이였을 뿐이죠. 나는 그러한 연구 방식이 비정상적이라고 생각했습니다. 연구를 하는 사람이라면 누구나 자신만의 관점과 생각을 출발점으로 삼아 개인의 독특한 방식으로 본인의 영역을 연구해야 합니다. 그래서 여러분에게도 내

방식대로의 수업을 진행했던 겁니다."

그때 서영이 말했다.

"저는 선생님이 선구자라 불리기에 전혀 손색이 없다고 생각해요. 선생님 덕분에 신경제사학파의 연구자들은 점차 경제사학 본래의 역사를 바꿔 나갔고, 진정한 경제 이론을 통해 역사를 연구하기 시작했어요. 그리고 경제와 역사는 '상호 의존적'인 새로운 국면으로 접어들게 되었죠."

노스가 서영의 말을 이어받았다.

"그래서 이러한 배경이 뒷받침되어야만 경제 이론의 활용 범위가 비로소 확대되는 겁니다. 뒤집어 말하면 이론의 응용을 통해 일련의 전통적인 도덕관념과는 판이한, 더 나아가 깊은 깨달음을 주는 결론에 도달할 수도 있다는 뜻입니다. 덕분에 나를 '혁명적 선구자'라 칭하기도 하죠! 나는 고전 경제학의 우수한 전통을 회복시켰을 뿐만 아니라 경제사와 경제학 이론의 발전이 불가분의 관계라는 사실을 증명했습니다. 오늘 이야기하려 했던 내용은 여기까지입니다. 수업을 마치겠습니다."

"끝났다고요? 하지만 아직 몇 분 남았는데요!"

재준이 아쉬운 듯 소리쳤다. 그러자 노스는 단호한 목소리로 말했다.

"효율입니다. 일의 효율이 낮은 교사는 종이 울리고 나서도 수업을 계속하지만, 효율이 높은 교사는 학생들의 쉬는 시간을 단 1초라도 빼앗지 않습니다. 여러분도 생활 속에서 어떤 일을 하든지 간에 효율을 중시하길 바랍니다. 이는 여러분 개인뿐만 아니라 나아가 국가 전체에도 도움이 될 테니까요. 아직 3분이 남았지만 나는 그만 물러가겠습니다. 남은 시간 동안 복습하세요."

말을 마친 노스는 교안을 정리하더니 교실 밖으로 한 걸음씩 천천히 걸어 나갔다. 그리고 교실 문을 열 즈음 수업종이 울렸다.

"정말이지 겉모습만 보고 판단하면 안 돼!"

세훈이 혼자 중얼거렸다.

"우리 할아버지보다 연세가 많은데도 웬만한 젊은 사람보다 일을 처리하는 방식이나 능률이 훨씬 높잖아!"

콜링우드 선생님, 역사학과 과학의 차이점은 무엇인가요?

▶▶ 콜링우드가 대답해주는 '역사의 개념' 이야기

역사와 자연은 어떤 차이가 있을까요?

- 역사는 인간이 발전해온 과정이에요. 자연은 발전의 개념이 없어요.

- 역사는 인간이 자유의지로 바꿀 수 있지만, 자연은 스스로 바꿀 수 없어요. 자연의 어떤 법칙에 따라 변화하지요.

- 역사는 비판할 수 있지만, 자연은 비판할 수 없어요. 역사에서는 실수가 있을 수 있지만, 자연에서는 실수라는 게 없으니까요.

▶▶ 생각해보기 ◀◀

역사학과 과학이 다루는 대상과 연구 방법의
차이점과 공통점은 무엇일까?

"재준아, 이것 좀 봐봐. 내일부터 역사 수업이 원래대로 돌아간대!"

세훈이 수업 시간표를 흘긋 보더니 조금 실망한 목소리로 말했다.

"어, 그럼 오늘이 마지막 날이네. 끝까지 잘 들어야겠어. 지금까지 강의가 정말 대단했으니까 마지막 강의도 왠지 기대돼. 이별을 마주할 자신은 없지만 또 강의가 기다려지다니, 인생은 역시 모순덩어리야."

수빈의 말에 시계를 바라보던 재준이 대꾸했다.

"감성적이기는! 마지막 수업도 분명 끝내주는 내용으로 진행되겠지. 이제 수업 시작이야. 자리에 앉자!"

그때 수업종이 울렸다.

역사는 인간 본성의 과학이다?

"여러분, 안녕하세요. 로빈 조지 콜링우드입니다. 영국 사람이고 역사와 철학을 연구했죠. 고고학에 대해서도 조금은 알고 있습니다. 오늘은 여러분과 함께 '역사의 개념'에 대해 알아보려고 합니다. 역사의 연구 대상은 인류의 활동입니다. 따라서 역사학이란 진정한 인간 본성의 과학이며 인류의 자아 인식이라 말하곤 하죠.”

코밑 팔자수염에 동그란 안경을 쓴 중년의 신사가 점잖고 예의 바른 태도로 자기소개를 한 뒤, 곧바로 수업을 시작했다.

“인류의 인간 본성 과학을 연구한다니? 저 선생님은 역사 강의를 하러 온 거야, 아니면 생물학 강의를 하려는 거야?”

채원이 수빈을 향해 미심쩍은 목소리로 속삭이자 콜링우드가 말했다.

“역사학과 자연과학은 인간에 대한 인식이 서로 다릅니다. 생물학이나 심리학과도 다르죠. 역사학은 인간 신체의 성질에는 관심을 두지 않으며 인간 자신의 감각이나 정서에도 관여하지 않습니다. 역사학은 인간의 인지 능력이나 사상, 이해력 혹은 이성적 지식을 연구합니다. 그렇기 때문에 만약 인류가 올바른 길을 찾고자 한다면 반드시 역사학이라는 방법에 의지해야 하죠. 오직 역사학만이 진정한 인간 본성의 과학입니다. 인류 역사의 가장 중요한 특징은 자연과 비교해보면 아주 명확히 드러납니다. 역사와 자연에는 공통적으로 변화가 존재하며 양자 모두 실천적 특징이 뚜렷합니다. 따라서 변화와 실천은 역사와 자연을 구분하는 근본적 특징이 아닙니다.”

“그럼 역사와 자연을 구분하는 근본적인 특징은 뭔가요?”

재준이 묻자 콜링우드는 잠시 아득한 표정으로 학생들을 바라보다가 말했다.

“인간에게 자연은 외부의 관계입니다. 그러나 역사는 인간 그 자체의 행동이죠. 예를 들어 공룡은 지구에 2억 년 가까이 살았습니다. 인류가 존재했던 20만 년과 비교하면 엄청난 시간이죠. 문헌에 기록된 인류와 비교하자면 그보다 훨씬 더 긴 시간이고요. 하지만 어찌 되었든 간에 인류는 2억 년이라는 시간을 그저 자연이라 칭할 뿐, 결코 역사라 부르지 않습니다. 공룡의 입장에서는 역사가 될 수도 있겠죠. 만약 그들에게도 생각이라는 게 있었다면 말입니다."

콜링우드가 미소를 지으며 말했다.

"그렇다면 공룡에게는 그 기간이 역사가 될 수 있다는 말인가요, 없다는 말인가요?

수빈이 질문에 콜링우드는 어깨를 한번 으쓱해 보이며 대답했다.

"그건 나도 잘 모르겠습니다. 공룡에게 직접 물어보는 수밖에요. 그들의 행위에 목적과 생각이 있었는지 확실하지 않으니까요. 목적과 생각이 있는 행위만 역사가 될 수 있는데, 자연의 흐름에는 분명 목적이 없습니다."

콜링우드가 교단 끝부분을 향해 한 발짝 성큼 내딛었다. 교실 안은 순간 조용해졌다.

"인간의 생각, 이 본질적 요소가 자연 발전 과정과 역사 발전 과정의 구분을 결정짓습니다. 자연 발전 과정에는 과거가 존재하지 않습니다. 과거는 곧 사라지니까요. 반면에 역사 발전 과정이란 오직 역사 위에서만 이루어진다는 사실은 이미 모두가 알고 있습니다. 그렇기 때문에 역사 발전 과정은 줄곧 존재해왔죠. 이것이 바로 인류 사상의 전승성, 즉 계승되는 특성입니다. 이런 점에서 역사 발전 과정 그 자체는 바로 생각의 발전 과정입니다. 또한 생각의 발전 과정은 각양각색의 정신이라는 형태로 구성되고 존재하며, 자신이 역사 발전 과정의 구성 부분이라는 사실을 인식합니다."

콜링우드는 잠시 말을 멈추고 교탁으로 가 물을 한 모금 마신 뒤 이야기를 계속했다.

"따라서 정신적 자아 인식이 바로 역사라고 말할 수 있습니다. 우리는 역사 그 자체 안에서 역사가 분명히 드러내고 있는 생각을 발견해야 할 뿐만 아니라, 실질적으로 그 역량을 잠재적인 상태에서 현실적인 상태로 발전시켜 효과적으로 존재하도록 만들어야 합니다. 인류의 역사는 인류의 생각 발전의 역사이자 인류의 정신 발전의 역사이며, 모든 역사는 생각의 역사입니다."

역사적 사고의 특징

"앞서 역사학과 자연과학의 수많은 차이점에 대해 이야기했는데, 이번에는 역사적 사고에 관한 이야기를 해보겠습니다. 물론 자연과학과의 비교가 반드시 선행되어야겠죠. 여기서 주의해야 할 점은 역사적 사고와 자연과학적 사고는 그 방식이 약간 비슷하긴 해도 실질적으로는 현저한 차이가 있다는 사실입니다."

"선생님, 좀 구체적으로 설명해주시겠어요?"

재준이 말했다. 콜링우드는 안경을 만지작거리며 이야기를 시작했다.

"물론입니다. 우선, 역사적 사고는 어느 정도는 감각과 흡사합니다. 이 두 가지는 모두 어떤 개체의 사물을 고유의 대상으로 삼고 있죠. 다만 감각 안의 사실은 즉각적으로 주어진 것이지만, 역사적 사고와 관련된 사실은 결코 고립된 개체가 아니며 하나의 사실도 아니고 순간적이지도 않습니다.

역사적 사고와 관련된 사실은 이미 끝나버린 시간에 존재했던 것이며 다시 되돌릴 수도 없습니다. 그것들은 일찍이 직관적이었지만 더 이상 직관이 아닐 때 비로소 진정한 역사적 사고의 대상으로 변할 수 있죠. 역사적 사고의 대상은 인류의 과거 행위이며 더 이상 감각 속에 존재하지 않습니다. 반면 자연과학적 사고의 대상은 감각을 통해 얻게 됩니다. 이 점에서 역사적 사고와 감각 사이에는 공통점도 있지만 동시에 모순이 가득하죠. 다음으로 역사 지식과 자연과학 지식은 모두 추론 유형의 지식이라는 공통점이 있습니다. 하지만 양자는 서로 다른 종류의 추론에 속한다는 차이점이 있습니다.”

콜링우드가 다시 물을 한 잔 마시자 채원과 재준은 눈을 동그랗게 뜨고 그 광경을 지켜봤다.

“자연과학은 추상적이지만 역사학은 직접 경험하거나 지각할 수 있도록 일정한 형태와 성질을 갖춰 구상적이라 할 수 있죠.”

콜링우드는 컵을 교탁 위에 올려놓으며 이야기를 계속했다.

“다윈은 수많은 관찰과 실험 데이터를 종합하여 ‘생물 진화’라는 결론을 도출해냈습니다. 하지만 이 생물 진화라는 결론을 얻기 전 벌써 프랑스의 생물학자 라마르크의 생물 진화론과 영국의 지질학자 라이엘의 지질 진화론의 영향을 받았죠. 자연과학은 개별적인 사물에서 귀납하는 것이 일반적이며 다시 어떤 한 부류의 사물로부터 규칙을 찾아냅니다. 그리고 최종적으로 그 규칙을 이용해 검증을 하거나 혹은 문제를 해결하죠. 다윈은 자신보다 앞섰던 사람들이 도출해낸 결론을 이용해 검증을 했고 새로운 연구 방향을 찾았습니다. 그다음 이러한 이론을 기초로 귀납을 계속했고 마침내 생물 진화론이라는 규칙을 얻어냈습니다. 지금 사람들은 또다시 다윈의 규칙을 가지고 일련의 새로운 실험을 하고 있죠. 분명한 사실은, 역사는 결코 이와 같지 않다는 점입니다. 역사 추론의 대상은 구체적이며 개별적이죠. 역사가 연구하는 대상은 '세상에서 하나뿐인 것'이라고 말할 수 있습니다. 세상에 완전히 같은 나뭇잎은 없지 않습니까?"

콜링우드, 역사 추론의 원칙을 밝히다

콜링우드는 계속 학생들을 바라보며 말했다.

"역사의 추론과 자연과학의 추론에는 두 가지 차이점이 있습니다. 바로 출발점과 결론이 다르죠. 자연과학의 추리는 가설에서 출발하며 그 결론에는 보편성이 있습니다. 자연과학에서의 일반적인 결론은 어떤 영역의 사물에서 보편적으로 활용됩니다. 하지만 역사학의 출발점은 사실, 즉 역사학자 앞에 이미 출현했었던 사실이죠. 역사학의 결론은 구체적 사물에 관한 결론이지만 거기에는 보편적 유효성이 없습니다. 양쪽의 차이는 역사학과 자연과학이 구성되는 방식의 차이로 설명할 수 있습니다."

"선생님, 방금 역사학자를 거론하셨는데요. 그럼 역사학자는 주로 어떤 일을 하나요?"

수빈의 목소리였다.

"물론 역사학자는 역사를 연구합니다. 하지간 너무 막연하고 모호한 말이죠. 방금 학생이 한 질문은 역사학자가 어떻게 역사를 연구하는지에 대한 질문이라고 할 수 있습니다.”

콜링우드는 다시 컵을 들고 물을 한 모금 마셨다.

“역사학자는 주로 선택하고 조립하며 비평하는 일을 합니다. 그중에서도 가장 중요한 건 조립하는 일이죠. 소위 역사란 과거의 사건이며 역사를 연구하는 사람은 결코 그 사건을 직접 경험해보지 못했습니다. 문헌 자료가 아무리 풍부하다 한들, 역사학자는 자신의 상상력에 의지해 과거의 틀을 다시 재건해야만 하죠.”

“역사가 어떻게 상상력의 산물일 수가 있어요! 그럼 소설이나 영화랑 뭐가 다른가요?”

재준이 대뜸 이해할 수 없다는 듯 물었다.

“여러분의 문제는 역사적 상상과 문학예술의 상상 관계로 요약될 수 있습니다. 학생 말처럼 양자에는 공통점이 있죠. 소설을 예로 들자면, 역사학자와 소설가는 모두 한 폭의 그림으로 자신의 일을 표현합니다. 그림의 일부분에서는 사건을 서술하고, 또 다른 부분에서는 상황이나 전쟁의 동기를 묘사하며 인물을 분석하기도 하죠. 이 모두가 일종의 선험적 상상 활동입니다.”

콜링우드는 시선을 돌려 교단을 향해 두 걸음 나아가며 말했다.

“물론 그들 사이에는 근본적인 차이점이 있습니다. 역사학자의 작품은 진실을 추구하지만, 소설가의 작품은 단지 의미를 추구하죠. 또한 역사학자는 연구하는 과정 속에서 반드시 다음의 세 가지 원칙을 따라야만 합니다. 첫째, 그들의 화면은 반드시 공간과 시간 속에 위치해야 한다. 둘째, 모든 역사는 반드시 그 자신과 서로 일치해야 한다. 셋째, 자신의 화면과 소위 말하는 '증거' 사이에는 불가분의 연계가 있어야 한다. 이 중에서 세 번째가 가장 중요합니다."

말을 마친 콜링우드는 진지한 태도로 학생들을 타라보았다.

역사학의 비판 정신

"역사학자의 비판적 사유는 역사의 개념을 구성하는 매우 중요한 요소입니다. 물론, 모든 역사학자가 비판적 사유를 하지는 않습니다. 그래서 역사학자를 다음의 두 가지 유형으로 분류하죠. 바로 과학적 역사학자와 전통적 역사학자입니다. 비판적 사유는 과학적 역사학자에게만 드러나는 일종의 지표라고 할 수 있죠."

"그럼 비판적 사유는 역사학에서 어떻게 표현되나요?"

수빈의 질문이었다.

"역사 지식을 사료에서 얻기보다는 역사학자가 제시한 문제와 그 문제의 해답을 구하는 활동에 좀 더 편중되는 것으로 나타납니다."

콜링우드는 반짝이는 눈빛으로 학생들을 바라보며 말했다.

"그래서 역사학자가 하는 일의 성격에는 본질적인 변화가 생깁니다. 더 이상 권위와 기억에 의지하지 않는 거조. 더 이상 역사학은 이전의 단순한 피동적 수집과 사료의 배열에 그치는 학문이 아닙니다."

"역사학자는 어떻게 그런 비판적 사유를 갖기 되었나요?"

이번에는 재준이 물었다. 콜링우드는 앞쪽을 응시한 채 말했다.

"영국의 경험주의 철학자 베이컨이 주장한 과학적 역사학 방법론의 원칙이 그 질문에 가장 완벽한 해답을 주고 있습니다. 우선 역사학자는 능동적인 태도로 자신이 무엇을 알고자 하는지 확실히 인식해야만 합니다. 그리고 자신의 마음속에서 그것을 문제의 형태로 끄집어내야 합니다. 다음으로 역사를 종용해 그 문제에 대한 해답을 내놓을 수 있는 수단을 찾아야만 합니다. 역사가 더 이상 침묵하지 않도록 자신의 수단과 지혜를 충분히 발휘해야 하는 거죠. 베이컨은 대자연에게, 역사학자는 역사를 향해 묻습니다. 구체적인 방법이 같을 수는 없지만 이치는 같습니다."

이렇게 말하면서 콜링우드는 자신도 모르게 미소를 짓고 있었다. 그때 채원이 자리에서 벌떡 일어나 질문했다.

"선생님, 그럼 전통적인 역사학자는 어떤 특징이 있나요?"

채원은 자신이 굉장히 중요한 질문이라도 한 것처럼 의기양양한 표정으로 다시 자리에 앉았다.

"전통적 역사학자는 주로 사료나 권위적인 진술을 맹신하고 숭배하죠. 그들의 역사에는 상상이 없으며 자신들이 수집하고 정리한 사료 혹은 권위적인 진술의 단순한 짜깁기만이 있을 뿐입니다."

"사료를 중시하고 객관과 진실을 추구하는 건 역사를 연구할 때 매우 중요한 태도 아닌가요?"

채원은 모두지 이해가 되지 않았다.

"표면적으로는 그렇지만 비판이 결여된 역사는 깊이가 없으며 객관적일 수도 없습니다. 문제가 없으니 당연히 해답도 없고요."

"그럼 사료를 중시하지 않는다면 깊이 있고 객관적이며 진실한 역사를 얻게 되나요?"

재준이 물었다.

"전통적 역사학자들이 사료를 중시한다고 해서 과학적 역사학자들이 사료를 무시한다는 뜻은 아닙니다. 실은 양쪽 모두가 사료를 중요하게 여기죠. 사료를 중시하는 기초 위에서 자신의 비판 정신이 결합되었을 때에 비로소 스스로가 문제를 제시하고 그에 대한 해답을 찾아낼 수 있는 겁니다. 다시 말해서 과학적 역사학자는 자신이 제기한 문제를 통해 역사적 사실을 밝게 비춘다고 볼 수 있습니다. '역사의 개념'은 여기까지입니다. 자, 이제 역사 수업이 모두 끝났네요. 여러분, 잘 있어요!"

콜링우드는 자신의 컵을 챙겨들고 밖으로 걸어 나갔다. 그리고 그 순간, 갑자기 담임선생님의 목소리가 들렸다.

"거기, 다들 일어나! 쉬는 시간 끝났어!"

세훈이 퍼뜩 정신을 차리고 보니 교실 안의 친구들도 전부 자기처럼 막 꿈에서 깨어난 모습이었다. 어찌 된 일인지 도통 알 길이 없었다. 고개만 갸우뚱거리던 세훈은 자신의 손에 들려 있던 역사 만화책을 발견했다. 놀랍게도 그 책에는 폴리비오스의 친필 사인이 있었다.

"설마 지금까지 다 진짜였던 걸까?"

10대가 묻고 18명의 역사학자가 답하는

살아 있는 세계역사 이야기

초판 1쇄 인쇄 2015년 9월 30일
초판 1쇄 발행 2015년 10월 15일

지은이 저우하이옌 | **옮긴이** 조윤진 | **감수자** 노경덕
펴낸이 김종길 | **펴낸곳** 글담출판사

책임편집 홍다휘 | **편집** 임현주 · 이경숙 · 이은지 · 홍다휘 · 안아람
디자인 정현주 · 박경은 | **마케팅** 박용철 · 임형준 | **홍보** 윤수연 | **관리** 김유리

출판등록 1998년 12월 30일 제7-186호
주소 (121-840)서울시 마포구 양화로 12길 8-6(서교동) 대륭빌딩 4층
전화 (02)998-7030 | **팩스** (02)998-7924
이메일 bookmaster@geuldam.com
블로그 http://blog.naver.com/geuldam4u
페이스북 http://www.facebook.com/geuldam4u

ISBN 979-11-86650-04-2 43900

책값은 표지에 있습니다.
잘못된 책은 바꿔드립니다.

이 도서의 국립중앙도서관 출판시도서목록(CIP)은 서지정보유통지원시스템 홈페이지(http://seoji.nl.go.kr)와 국가자료공동목록시스템(http://www.nl.go.kr/kolisnet)에서 이용하실 수 있습니다. (CIP제어번호: CIP2015024928)

이 책은 글담출판사가 저작권자와의 계약에 따라 발행한 것이므로 이 책 내용의 일부 또는 전부를 사용하려면 반드시 글담출판사의 동의를 받아야 합니다.

★★**글담출판**에서는 참신한 발상, 따뜻한 시선을 가진 기획 아이디어와 원고를 기다리고 있습니다. 작품 혹은 기획안을 이메일로 보내주시면 출간 가능성이 있는 작품은 개별 연락을 드립니다.